ANDREAS
MARQUART

Crashkurs
Geld

Wie Sie vermeintliche Experten
und Besserwisser aus dem Konzept bringen
und die Hintergründe verstehen

FBV

Bibliografische Information der Deutschen Nationalbibliothek
Die Deutsche Nationalbibliothek verzeichnet diese Publikation in der Deutschen Nationalbibliografie. Detaillierte bibliografische Daten sind im Internet über http://dnb.d-nb.de abrufbar.

Für Fragen und Anregungen:
info@finanzbuchverlag.de

Originalausgabe, 1. Auflage 2019
© 2019 by Finanzbuch Verlag, ein Imprint der Münchner Verlagsgruppe GmbH
Nymphenburger Straße 86
D-80636 München
Tel.: 089 651285-0
Fax: 089 652096

Redaktion: Matthias Michel
Korrektorat: Maike Specht
Umschlaggestaltung: Marc-Torben Fischer, München
Umschlagabbildung: shutterstock.com/Michis-Fotos
Satz: Carsten Klein, Torgau
Druck: GGP Media GmbH, Pößneck
Printed in Germany

ISBN Print 978-3-95972-233-9
ISBN E-Book (PDF) 978-3-96092-438-8
ISBN E-Book (EPUB, Mobi) 978-3-96092-439-5

Weitere Informationen zum Verlag finden Sie unter

www.finanzbuchverlag.de

Beachten Sie auch unsere weiteren Verlage unter www.m-vg.de

Inhalt

Zum Geleit

Warum werden die Güter eigentlich teurer und nicht billiger, obwohl doch das Güterangebot immer reichhaltiger wird? Warum steigen die Schulden von Konsumenten, Unternehmen, Banken und vor allem auch Staaten immer weiter an? Wieso kommt es immer wieder zu Finanz- und Wirtschaftskrisen? Was passiert eigentlich, wenn die Zentralbanken den Zins verändern? Und warum sind die Zinsen im Euroraum mittlerweile auf der Nulllinie? Wieso wird es für junge Menschen, junge Familien immer schwieriger, Vermögen aufzubauen? Warum öffnet sich in vielen Ländern die Schere zwischen Arm und Reich immer weiter? Es mag überraschend klingen: Aber die Antworten auf diese und andere drängende Fragen finden sich im heutigen Geldsystem.

Sehr verehrte Leserinnen und Leser: Es wird vermutlich viele von Ihnen überraschen, wie problematisch das heutige Geld ist. Ob US-Dollar, Euro, chinesischer Renminbi, Britisches Pfund oder Schweizer Franken: Sie alle repräsentieren ungedecktes Papiergeld oder auch: *Fiat-Geld*. Es zeichnet sich durch drei Eigenschaften aus: (1) Fiat-Geld ist entmaterialisiertes Geld, es existiert in Form von bunt bedruckten Papierzetteln und Einträgen auf Computerfestplatten (»Bits and Bytes«). (2) Fiat-Geld wird sprichwörtlich aus »dem Nichts« geschaffen, durch Bankkredite, die nicht durch »echte Ersparnis« gedeckt sind. (3) Die staatlichen Zentralbanken haben das Fiat-Geld-Produktionsmonopol: Sie haben die Macht, die Geldmenge und damit natürlich auch deren Kaufkraft nach politischen Erwägungen zu verändern.

5

Man sollte nur nicht denken, das Fiat-Geld sei auf »natürlichem Wege« in die Welt gekommen. Ganz im Gegenteil! Die Staaten haben in den frühen 1970er Jahren die Golddeckung des Geldes mutwillig, per Zwangsmaßnahmen aufgehoben. Und das nicht etwa, weil das Goldgeld nicht funktioniert hätte, sondern weil die Staaten aus politischen Gründen die Kontrolle über das Geld haben wollten – um nach politischer Willkür Einkommen und Vermögen umzuverteilen, um nationale Konjunkturpolitik zu betreiben, um möglichst bequem Kriege zu finanzieren. Das Gold-Geld stand all diesen Machenschaften im Wege, nicht aber das Fiat-Geld. Deshalb musste das Gold-Geld dem Fiat-Geld weichen.

Fiat-Geld leidet unter ökonomischen und ethischen Defiziten. Das haben insbesondere die Ökonomen der »Österreichischen Schule der Nationalökonomie« – die mit Namen wie Carl Menger (1840– 1921), Ludwig von Mises (1881–1973) und Friedrich August von Hayek (1899–1992) verbunden ist – frühzeitig erkannt. Sie legten offen: Fiat-Geld ist inflationär, es verliert seine Kaufkraft im Zeitablauf. Zudem bereichert das Fiat-Geld einige in ungerechtfertigter Weise auf Kosten vieler. Es verursacht zudem Wirtschaftsstörungen (»Boom-and-Bust«). Es sorgt dafür, dass die Schuldenlasten der Volkswirtschaften in die Höhe steigen. Und nicht zuletzt lässt es den Staat immer größer werden zu Lasten des friedvollen und produktiven Zusammenlebens.

Die Finanz- und Wirtschaftskrise 2008/2009 ist eine unmittelbare Folge des Fiat-Geldes, das die Zentralbanken in enger Kooperation mit den privaten Geschäftsbanken über Jahre hinweg unablässig vermehrt haben. Der dadurch angezettelte »Boom« wäre vermutlich in einen Systemkollaps ausgeartet, hätten die Zentralbanken nicht die Marktzinsen auf extrem niedrige Niveaus herabgedrückt und strauchelnde Staaten und Banken mit neu geschaffenem Geld über Wasser gehalten. Doch zu Jubel gibt das keinen Anlass! Denn die zugrundeliegenden Probleme wurden dadurch natürlich nicht etwa gelöst, sondern nur vertagt und zudem auch noch vergrößert.

Staats- und systemtreue Ökonomen lassen jedoch den Eindruck entstehen, die Krisen seien das Ergebnis der freien Märkte, des Kapitalismus, und der Staat müsse einschreiten und für Besserung sorgen: mit mehr und besseren Ge- und Verbote, Auflagen und Richtlinien. Dass aber das staatliche Fiat-Geld ursächlich für die beklagten Missstände ist, wird ignoriert oder verschwiegen. Der Staat mit seinem Fiat-Geld wird nicht etwa als »Übeltäter« entlarvt, ihm wird vielmehr noch die »Beschützerrolle« zugewiesen. Und so erweist sich die Krise, für die das staatliche Fiat-Geld sorgt, als ein Wachstumselixier für den Staat. Immer mehr bürgerliche und unternehmerische Freiheiten fallen dem Staat zum Opfer, hemmen den Lebensstandard vieler Menschen.

Die Volkswirte, die der Österreichischen Schule der Nationalökonomie zuzurechnen sind, haben die ganze Problematik, die ganze Tragik, die das ungedeckte Geld verursacht, schon vor langer Zeit ausgiebig studiert, vollständig erkannt und in vielen Schriftbeiträgen ausbuchstabiert. Die Erkenntnisse, die sie vorgelegt haben, sind zeitlos, haben ihre Relevanz für die heutige Zeit keinesfalls eingebüßt. Sie müssen jedoch bekannt gemacht werden, und damit sie von der heutigen Generation verstanden und weitergetragen werden können, müssen sie hier und da sprachlich modernisiert werden; und ihre Bedeutung für das Hier und Heute ist anhand von zeitgemäßen Anwendungsfällen zu illustrieren. Diese verdienstvolle Aufgabe geht Andreas Marquart – seit Oktober 2012 Vorstand des *Ludwig von Mises Institut Deutschland* – mit diesem Buch an.

Andreas Marquart zeigt Ihnen, liebe Leser, die Übelstände auf, die mit dem staatlichen Fiat-Geld sprichwörtlich in die Welt gekommen sind. Unaufgeregt und unterhaltsam im Ton, unerschrocken und schonungslos in der Sache. Schritt für Schritt und mit klar und verständlich formulierten Sätzen, die darauf abzielen, ehrliche Aufklärungsarbeit zu leisten und Sie zu *des*-desinformieren, führt Marquart fast schon spielend leicht durch ein Sachthema, das eigentlich sehr komplex ist, und das selbst viele »Hauptstrom-Ökonomen« vermutlich noch nicht vollends durchdrungen haben. Marquarts Ausführungen sind so entwaffnend-erhellend, dass man als Leser im Grunde keinerlei ökonomische Vorbildung braucht. Um seinen Ausführungen zu folgen, reicht es völlig aus, wenn man über gesunden Menschenverstand verfügt. Chapeau muss man sagen: So funktioniert Aufklärung!

Wenn Sie dieses Buch gelesen haben, werden Sie verstanden haben, welche immensen wirtschaftlichen und sozialen Schäden das Fiat-Geld anrichtet, und wie es, ganz konkret, Ihr Leben und das Ihrer Mitmenschen – sei es im Beruf, in der Familie, im Freundeskreis – seinen schmutzigen Stempel aufdrückt. Doch Sie müssen nicht verzagen: Andreas Marquart lässt Sie nicht im Regen stehen. Er macht Ihnen am Ende seines Buches berechtigte Hoffnung auf besseres Geld und damit eine bessere Welt. Denn besseres Geld – gutes Geld – ist keine unerreichbare Utopie. Ganz im Gegenteil: Gutes Geld ist machbar, und es liegt sogar in greifbarer Reichweite. Alles was dazu erforderlich ist, ist ein *freier Markt für Geld* – ein Markt, der so frei ist wie der Markt für Kugelschreiber, Turnschuhe und Urlaubsreisen.

Besseres Geld, bereitgestellt in einem freien Markt für Geld, ist nicht nur ökonomisch möglich. Die Forderung ist auch zweifelsohne folgerichtig mit Blick auf den *Grundsatz der Aufklärung*: also den *Ausgang des Menschen aus seiner selbstverschuldeten Unmündigkeit*, wie es im Jahre 1784 der Königsberger Philosophen der Aufklärung Immanuel Kant (1724–1804) formulierte. Gemeint ist damit das *Selbstbestimmungsrecht eines jeden Einzelnen*. Auf die Geldfrage übertragen heißt das: Jeder Mensch muss die Freiheit haben, das Geld wählen zu können, das seinen Wünschen am besten genügt. Und jeder muss die Freiheit haben, die Nachfrage seiner Mitmenschen nach gutem Geld bestmöglich bedienen zu dürfen. Es braucht also nicht mehr als die Rückbesinnung des *Ideals der vernünftigen Autonomie** in der Frage des Geldes.

Doch zurück zu Andreas Marquarts Buch, denn er hat im letzten Kapital wissensreich ausbuchstabiert, wie das heutige schlechte Fiat-Geld durch gutes Geld abgelöst werden kann; dass dem Staat (und den machtvollen Interessengruppen, denen der Staat dient beziehungsweise die ihn für ihre Interessen gekapert haben) das Geldproduktionsmonopol entzogen werden muss, und wie das möglich ist. Ich wünsche daher diesem wahrlich *aufklärerischen Buch*, das Andreas Marquart verfasst hat, die größtmögliche Verbreitung – nicht nur im deutschsprachigen Raum, sondern dass es nachfolgend auch übersetzt wird in viele andere Sprachen auf dieser Welt, damit alle Menschen auf diesem Erdball letzten Endes zu besserem Geld kommen.

Dr. Thorsten Polleit
Chefvolkswirt der Degussa
Honorarprofessor für Volkswirtschaftslehre an der Universität Bayreuth
im April 2019, Königstein i. T.

---

* Eine Fußnote sei hier gestattet: Das *Ideal der vernünftigen Autonomie* ist der Kern der Aufklärung nach Immanuel Kant. Sie, lieber Leser, sind in diesem Sinne *autonom*, wenn sie nach selbst gesetzten Regeln und Gesetzen handeln und leben, und Sie handeln dann gleichzeitig auch *vernünftig*, wenn Sie die Regeln und Gesetze, die Sie befolgen wollen, nur aufgrund gut begründeter Überzeugungen auswählen und sich zu eigen machen.

Einleitung

Unzählige Male habe ich mit verschiedensten Menschen über das Thema »Geld« und die Ursachen der Euro- und Finanzkrise diskutiert. Und beinahe genauso oft bin ich auf einen der gefühlt Millionen von Experten getroffen, die stets genau wussten, was zu tun sei. »Man müsste ...«, so begannen ihre Kommentare meist.

Mit den Themen »Geld« und »Wirtschaft« ist es wie mit Fußball: Während einer Fußballweltmeisterschaft gibt es im Land Millionen von Trainern, die allesamt vom heimischen Sofa aus eine sehr präzise Vorstellung davon haben, wie ein Spiel zu gewinnen wäre oder, wenn es verloren wurde, wie man es gewonnen hätte.

Hand aufs Herz: Waren Sie nicht auch schon einmal in solche Geld- und Wirtschaftsgespräche verwickelt und haben Ihre »Expertenmeinung« zum Besten gegeben? Bitte seien Sie nicht verärgert, wenn ich gleich zu Beginn so direkt werde. Aber kämen Sie auf die Idee, mit einem Chirurgen darüber zu debattieren, wie man am besten einen Blinddarm entfernt? Oder gar einen Tumor? Wohl nicht.

»Wir müssen ...«

Mit Politikern ist es nicht anders. Tag für Tag dürfen sie sich vor Fernsehkameras zu aktuellen Themen äußern. Das Schema ist immer gleich. Erst lässt man sie – einen sehr geschäftig wirkenden Eindruck vermittelnd – von rechts nach links durchs Bild laufen. Da weiß man gleich, jetzt steht ein weiterer Fachmann vor der Kamera und erzählt uns, wie sich ein aktuelles Problem aus der Welt schaffen lässt, welche Reform dringend ansteht, also wie die letzte Reform, die die Reform davor ersetzte, zu reformieren ist. Die Statements beginnen in aller Regel mit »Wir müssen ...«, achten Sie mal darauf. Von verschiedenen Parteienvertretern hören wir die unterschiedlichsten Vorschläge, und jeder meint, er hätte nun das Ei des Kolumbus entdeckt. Das allein sollte schon zu denken geben, zeigt es doch, dass bei wirtschaftspolitischen Entscheidungen keine konsistente Theorie zur Anwendung kommt und jeder meint, sein Plan sei genau *der*, der funktionieren würde.

Worauf ich hinauswill? Nun, eine Volkswirtschaft, und dazu gehört eben auch das Geldwesen, funktioniert nach ganz bestimmten Gesetzen, nämlich nach ökonomischen Gesetzen. Die kann *niemand*, auch kein Ökonom oder Politiker, außer Kraft setzen. Aber das versuchen gerade Letztere immer wieder aufs Neue, jeden Tag, seit ewigen Zeiten. Sie geben vor, und wahrscheinlich sind sie sogar selbst davon überzeugt, dass sie die Volkswirtschaft lenken und leiten könnten. Doch das geht nicht.

Anders als bei physikalischen Experimenten tritt in einer Volkswirtschaft bei Anwendung einer bestimmten Maßnahme nicht immer das gleiche Ergebnis ein. Warum? Weil eine Volkswirtschaft aus handelnden Menschen besteht, von denen keiner dem anderen gleicht. Ihr Handeln lässt sich weder berechnen noch prognostizieren, einfach weil Menschen immer wieder ihre Ziele und Präferenzen ändern, weil sie Neues lernen, sowohl aus ihren eigenen als auch aus den Fehlern anderer, und weil sie stets neue Erfahrungen machen. Und gerade politische Einflussnahme lässt sie morgen vielleicht anders handeln, als sie es heute noch getan haben.

Eine Volkswirtschaft ist ein hochkomplexes System. Komplex ist etwas völlig anderes als kompliziert. Ein Flugzeug zu entwickeln, es zu bauen oder zu fliegen – das ist kompliziert. Aber wer über die technischen Fähigkeiten und das nötige Wissen verfügt, kann es. Die Komplexität von Volkswirtschaften und Gesellschaften dagegen kann niemand durchdringen.

Die Politik ist das Problem, nicht die Lösung

Obwohl Regierungen und Politiker – das werden wir im weiteren Verlauf herausarbeiten – die wahren Verursacher der zahlreichen Missstände in Wirtschaft und Gesellschaft sind, lassen wir sie immer weiter herumexperimentieren. Dabei zerstören sie mehr und mehr das filigrane und äußerst sensible Netzwerk der Volkswirtschaft, verursachen unsichtbare, aber dennoch spürbare Verletzungen – spürbar in Form von Wirtschaftskrisen und häufig auf den ersten Blick nicht erklärbaren gesellschaftlichen Entwicklungen. Die Politik ist also das Problem, nicht die Lösung.

Obwohl Problemverursacher, wird den politischen Akteuren – wie eben bereits erwähnt – sehr viel Raum in der täglichen Berichterstattung gewährt. Um mir mehr Gehör zu verschaffen, werde ich mir daher erlauben, im Verlauf des Buches auch mal zu provozieren und zu polemisieren. Das nicht zuletzt deshalb, weil ich als kompromissloser Verfechter eines freien, marktwirtschaftlichen und damit wettbewerblichen, nicht staatlich organisierten Geldwesens eine eher schwach besetzte Position vertrete. Meine Gegnerschaft besteht nämlich aus nicht weniger als einem riesigen Konglomerat aus Politikern, Mainstreamökonomen, Medien und sonstigen Meinungsbildnern.

Kapitalismus als Sündenbock

Auch den Großteil der Bürgerinnen und Bürger rechne ich denen zu, die – anfangs jedenfalls – meinen Argumenten gegenüber eher verschlossen sein werden oder ablehnend gegenüberstehen. Ihnen mache ich jedoch keine Vorwürfe. Es ist nicht böse gemeint, wenn ich sage, dass es die allermeisten Menschen einfach nicht besser wissen. Schließlich werden sie doch seit Jahrzehnten – beginnend in der Schule, dann Tag für Tag in den Nachrichten – dauerberieselt von der Behauptung, das Geldwesen bedürfe der staatlichen Organisation und Aufsicht, und die Wirtschaft der Lenkung und Steuerung weiser Politiker. Wir nehmen es hin und kennen es auch gar nicht anders, dass unser ganzes Leben richtiggehend durchdrungen ist von Politik.

Dabei hört man in Gesprächen mit »ganz normalen« Menschen häufig heraus, dass sie verstört sind angesichts der zahlreichen Missstände in Gesellschaft und Wirtschaft – und auch erzürnt, schimpfen oft sogar über die Politik. In der Ursachenforschung tappen sie aber für gewöhnlich im Dunkeln, machen mehrheitlich einen scheinbar existierenden Kapitalismus zum Sündenbock. Entsprechendes erzählt man ihnen ja auch am laufenden Band. So gelangen viele zu dem Schluss, die Politik müsse sich *noch mehr* einmischen mit Gesetzen und Verordnungen, Banken müssten *noch schärfer* reguliert werden – zum Schutz der Spareinlagen – und die Reichen müssten *noch stärker* in die Pflicht genommen werden bei der Finanzierung gesamtstaatlicher Aufgaben.

Man kann sich nur wundern darüber, denn bei Umfragen landet der Beruf des Politikers, von dem sich der Bürger ja Lösungen erwartet, hinsichtlich seines gesellschaftlichen Ansehens regelmäßig in der Nähe von Gebrauchtwagenhändlern und Versicherungsvertretern. Das ist nicht nur auf den ersten Blick schizophren.

Die Hauptursache, warum sich Gesellschaft und Volkswirtschaft derart in Schieflage befinden, gerät bei all den täglich stattfindenden Debatten eher selten in den Blickpunkt. Dabei ist sie schnell ausgemacht und um sie geht es in diesem Buch: Es ist das staatlich organisierte Geldwesen – also die Tatsache, dass es nur ein einziges Zahlungsmittel gibt, dessen Produktion der Staat in symbiotischer Art und Weise, einem Franchisesystem gleich, in die Hände des Zentral- und Geschäftsbankensystems gelegt hat. Niemand anderes kann und darf »Geld« emittieren. Es ist ein Monopol. Wettbewerb? Fehlanzeige. Es mag manchen im ersten Moment vielleicht beunruhigen, etwas so wichtiges wie Geld dem ach so bösen Markt zu überlassen. Aber fragen Sie doch einmal Freundinnen, Freunde, Bekannte oder Arbeitskollegen, ob sie ein Monopol als etwas Positives ansehen. Ich gehe jede Wette mit Ihnen ein, dass mindestens neun von zehn so oder ähnlich antworten werden: »Ein Monopol ist schlecht für die Verbraucher!«

Aber wenn dem so ist, dann müssen wir uns doch unbedingt fragen: »Warum soll das beim staatlichen Geld*monopol* anders sein?« Oder: »Wenn unser Geld bei Vater Staat so gut aufgehoben ist, weshalb verliert es dann ständig an Kaufkraft?« Und weiter: »Wieso schlittert unser Finanzsystem dann von einer Krise in die nächste? Warum müssen die Banken immer wieder gerettet werden?« Aber natürlich, es sind wie immer die ungezügelten Märkte und die Spekulanten. Sie müssen in die Schranken verwiesen werden.

Ich werde in diesem Buch darlegen, dass unser herrschendes Papiergeldsystem

► versteckt inflationär ist;
► Reiche reicher und Arme ärmer macht;
► die Ursache für immer wiederkehrende Krisen ist;
► die Menschen oberflächlicher werden lässt und die Gesellschaft zu ihrem Nachteil verändert;
► die Volkswirtschaften unter ein Schuldenjoch geraten lässt, die Menschen abhängig macht und sie korrumpiert;
► den Staat in die Lage versetzt, sich immer mehr in unser Leben einzumischen;

- mit dafür verantwortlich ist, dass Natur, Umwelt und Ressourcen unnötig strapaziert werden;
- militärische Konflikte wie den Ersten oder Zweiten Weltkrieg überhaupt erst möglich gemacht hat.

Möglicherweise kommt Ihnen diese Auflistung etwas übertrieben vor. Ich verstehe das. Doch wenn unser Geld krank ist, liegt es dann nicht nahe, dass sich Volkswirtschaft und Gesellschaft nach und nach infizieren und ebenfalls krank werden?

Krankes Geld ist ansteckend

Wir sollten uns an dieser Stelle klarmachen, dass »Geld« in praktisch allen Lebensbereichen eine zentrale Rolle spielt. Wir beziehen unser Einkommen in »Geld«, bezahlen unsere täglichen Einkäufe mit »Geld«, entrichten unsere Steuern in »Geld«, halten »Geldvorräte« für kurzfristige und auch langfristige Zwecke.

Geld ist als Tauschmittel etwas überaus Wichtiges. Es ist unverzichtbar, und ohne Geld wäre unser heutiges Wohlstandsniveau nicht vorstellbar. Zum einen, weil sich nur mithilfe eines allgemein akzeptierten Tauschmittels eine hoch spezialisierte Arbeitsteilung organisieren lässt, und zum anderen, weil ohne Geld keine Wirtschaftsrechnung möglich wäre. Es ließe sich dann nämlich nicht kalkulieren, welcher Weg bei einer Investition der effizienteste ist.

Die allermeisten der Gelegenheiten, bei denen Geld zum Einsatz kommt, sind Transaktionen, die wir freiwillig mit anderen abwickeln: Arbeitnehmer beziehen ihren Lohn in Geld, wir wickeln unsere Einkäufe mit Geld ab oder bezahlen unsere Urlaubsreise mit Geld. Steuern oder andere Zwangsabgaben wie Rundfunkgebühren bezahlen wir dagegen nicht freiwillig.

Staatliches Geld ist wie ein Fremdkörper in freiwillig stattfindenden Transaktionen zwischen den Marktteilnehmern. Im Alltag denken wir natürlich nicht darüber nach, dass das Medium, mit dem wir unsere Käufe oder Verkäufe abwickeln, staatlich reglementiert ist. Das aber ist ein ganz entscheidender Punkt und wir sollten uns dessen unbedingt bewusst werden.

Wir sollten uns fragen: Warum muss ein von zwei Akteuren freiwillig eingegangenes Tauschgeschäft mit einem staatlichen Zwangsmedium abgewickelt werden? Diese Frage *muss* gestellt werden. Und wenn uns der Geldmonopolist »Staat« auf diese Frage keine einleuchtende und überzeugende Antwort geben kann, dann haben wir jeden Grund, misstrauisch zu werden und zu vermuten, dass er etwas im Schilde führt, etwas zu verheimlichen hat und davon in irgendeiner Art und Weise profitiert. Auch darum wird es in diesem Buch gehen.

Aber zuallererst sollten wir uns gemeinsam anschauen, wie es die Staaten überhaupt geschafft haben, dass es als alternativlos gilt, dass die Organisation des Geldwesens in ihrer Obhut obliegt. Und wie es so weit kommen konnte, dass die Werthaltigkeit von Geld nur noch auf dem Vertrauen darauf beruht, sich am nächsten Tag noch etwas dafür kaufen zu können.

Einer weiteren wichtigen Frage gilt es gleich zu Beginn nachzugehen: Wie funktioniert unser Geldsystem überhaupt? Wie kommt das Geld in die Welt? Darüber liegt ein undurchsichtiger Schleier, den es zu lüften gilt.

KAPITEL 1

Wie es so weit
kommen konnte

Ohne Übertreibung lässt sich sagen, dass wir seit 1971 im wohl größten Geldexperiment aller Zeiten leben. Denn noch niemals zuvor waren alle Währungen auf der Welt – gleich ob Euro, US-Dollar, japanischer Yen oder Schweizer Franken. – reine Papierwährungen, basierend auf, gedeckt durch und entstehend aus dem ... Nichts!

Vielleicht werden Sie an dieser Stelle einwenden: »Aber die Notenbanken haben doch immer noch Gold in ihren Tresoren!« Das ist grundsätzlich richtig. Natürlich verfügen die Notenbanken weltweit über mehr oder weniger Goldvorräte. Die aber stehen weder mengenmäßig im Verhältnis zu den in den vergangenen Jahrzehnten erzeugten Geld- und Kreditmengen, noch hat ein Halter einer Banknote einen Herausgabeanspruch auf auch nur die geringste Menge an Gold.

Mit der sukzessiven Loslösung des Geldes von jeglicher Bindung an Gold konnten sich die Staaten in den zurückliegenden 100 Jahren die alleinige Macht über das Geld sichern. Vor allem aber konnten sie sich so Mittel in beispiellosem Umfang beschaffen und einen immer stärkeren Einfluss auf die Gesellschaft ausüben. Obwohl auch die steuerliche Belastung der Bürger in den vergangenen 100 Jahren exorbitant zugenommen hat, hätten diese Einnahmen niemals ausgereicht, Wohlfahrtsstaaten, wie wir sie heute kennen, aufzubauen, mit denen sich Politiker auf hinterlistige Art und Weise die Gunst der Bürger erkauften. Und nebenbei bemerkt: Die Mittel hätten ebenso wenig ausgereicht, Kriege wie den Ersten oder Zweiten Weltkrieg zu finanzieren.

Weil sich die Kaperung des Geldwesens durch die Staaten und die damit einhergehende, meist schleichende Verschlechterung des Geldes oft über eine ganze oder mehrere Generationen erstreckte, lassen Sie uns einen Schritt zurückzutreten, um die vollständige Dimension erfassen und verstehen zu können, wie unendlich tragisch die Geschichte unseres Geldes ist.

Der 15. August 1971

Ein besonders tragischer Tag war der 15. August 1971, als der damalige Präsident der Vereinigten Staaten Richard Nixon (1913–1994) mit einem Handstreich die letzte Bindung des US-Dollar an Gold aufhob. Bis dahin war der US-Dollar – jedenfalls auf dem Papier, aber Papier ist geduldig, wie wir wissen – so gut wie Gold, und nationale Notenbanken, die in aller Regel den Großteil ihrer Währungsreserven in US-Dollar hielten, konnten bei der US-Notenbank, der Federal Reserve, jederzeit 35 US-Dollar in 1 Unze Gold umtauschen. Und das begannen sie Ende der 1960er-Jahre verstärkt zu tun, als nämlich offenbar wurde, dass sich die USA mit den Kriegen in Korea und Vietnam finanziell verhoben hatte. Allen voran Frankreich, das unter der Ägide seines Präsidenten Charles de Gaulle (1890–1970) Unterseeboote über den Atlantik schickte, um in den USA gelagertes Gold zurückzuholen. Nixon geriet mehr und mehr unter Zugzwang und sah schließlich keinen anderen Ausweg als die Möglichkeit, Gold gegen US-Dollar einzulösen, per Dekret zu beenden.

Das sogenannte Bretton-Woods-System wurde damit gerade einmal 27 Jahre alt. Benannt nach dem Ort im US-amerikanischen New Hampshire, wo sich die Finanzminister und Notenbankchefs von 44 Staaten trafen, war es im Juli 1944 geschaffen worden. Ziel dieser Konferenz war es, die Wechselkurse zwischen den Währungen zu stabilisieren, um den aufgrund des Zweiten Weltkriegs zusammengebrochenen Welthandel zu stimulieren. Was man hätte erwarten sollen, etwa dass den Regierungen nach den enormen Kriegsausgaben endlich Fesseln hinsichtlich ihrer Ausgaben angelegt würden, war zu *keinem* Zeitpunkt das Ziel von Bretton Woods.

Die beste Verhandlungsposition damals hatten zweifellos die USA. In ihren Tresoren lagerten etwa 70 Prozent der weltweiten Goldreserven, außerdem befanden sich die Amerikaner in der Gläubigerposition. Vor allem Großbritannien hatte sich während des Krieges in Übersee durch Waffenkäufe massiv verschuldet.

Nicht weniger bedeutend als das Jahr 1971 war für das Schicksal des Geldes der Beginn des Ersten Weltkriegs im Jahr 1914, als die meisten Länder die Bindung ihrer Währungen an Gold aufhoben. Diese Loslösung ermöglichte es den Regierungen, sich über neue Schulden oder sogar das direkte Drucken von Geld überhaupt erst die Mittel zu besorgen, ohne die die Finanzierung des Ersten wie später des Zweiten Weltkriegs in der schrecklichen Dimension, wie es der Fall war, nicht möglich gewesen wäre. Sicherlich wären beide Kriege viel früher zu Ende gewesen, denn mit Steuererhöhungen allein hätten sie sich gewiss nicht finanzieren lassen.

Schatz zum Kriegführen

So lässt sich mit Fug und Recht behaupten, dass das Geldwesen in der Hand von Staaten diese überhaupt erst in die Lage versetzte, Kriege wie die beiden Weltkriege, wie in Korea, Vietnam, im Irak oder in Afghanistan zu führen.

Schon der preußische Philosoph Immanuel Kant (1724–1804) betrachtete, wie er 1795 in seinem Spätwerk *Zum ewigen Frieden* schrieb,

ein Creditsystem ins Unabsehliche wachsender und doch immer für die gegenwärtige Forderung gesicherter Schulden [...] eine gefährliche Geldmacht, nämlich ein Schatz zum Kriegführen [...] als großes Hindernis des ewigen Friedens.

Diese kluge Feststellung machte er zu einer Zeit, als die Möglichkeit, Geld aus dem Nichts zu schöpfen und sich zu verschulden, für Regierungen weitaus schwieriger war, als es heute ist, wenn Notenbanken wie Geschäftsbanken per Eingabe über eine Computertastatur Milliarden schaffen. Was hätte Kant wohl zur Geldschwemme des 20. und 21. Jahrhunderts gesagt und wie wäre sein Urteil ausgefallen, hätte er die beiden Weltkriege mit ihren insgesamt circa 80 Millionen Toten noch erlebt?

Bis zum Jahre 1914 war die Welt des Geldes zumindest halbwegs in Ordnung, denn es herrschte ein internationaler Goldstandard. Doch auch der war nicht das Gelbe vom Ei, war er doch ebenfalls staatlicherseits den Bevölkerungen aufgezwungen worden. Und schon zu dieser Zeit operierten die Banken in einem Teilreservesystem. Zum klassischen Goldstandard schreiben Thorsten Polleit und Michael von Prollius in ihrem Buch *Geldreform*:

Unter der Führung von Großbritannien war mit Beginn des 19. Jahrhunderts also »Gold« zum international allgemein akzeptierten Zahlungsmittel geworden. [...] Dieser sogenannte »klassische Goldstandard« war aufgrund der staatlichen Monopole für die Münzprägestätte, der Währungsgesetze und vor allem der Einführung des inflationären (Zentral-)Bankwesens nicht perfekt.

Deswegen kam es immer wieder zu Bankzusammenbrüchen und Konjunkturzyklen. Gleichwohl schützte der Goldstandard relativ gut gegen starke Inflation. Auf dieser Grundlage konnte sich die globale Arbeitsteilung ausbreiten, so dass der klassische Goldstandard durchaus ein »goldenes Zeitalter« war.

Immer festerer Zugriff

Jeder Eingriff in die internationale Geldordnung seit Beginn des 20. Jahrhunderts war im Rückblick ein immer festerer Zugriff der Staaten auf das Geld. Es gab lediglich ein kurzes Intermezzo zwischen den beiden Weltkriegen, in den Jahren 1925–1931, als man vorübergehend zu einem, wenn auch äußerst halbherzigen auf den US-Dollar und das britische Pfund aufbauenden Golddevisenstandard zurückfand. Der Golddevisenstandard sollte von Anfang an die Inflation fördern. Sein Zweck war die *Bestärkung verantwortungslosen Verhaltens.* Jörg Guido Hülsmann fasst es in seinem Buch *Die Ethik der Geldproduktion* zusammen:

Er [der Golddevisenstandard] brach zusammen, als verschiedene Regierungen nach der Finanzkrise an der Wall Street im Jahr 1929 eine protektionistische Politik übernahmen (vor allem die Vereinigten Staaten) oder Devisenkontrollen verhängten (wie Deutschland, Österreich und eine Anzahl lateinamerikanischer Länder), womit der internationale Zahlungsverkehr erstickt wurde und es für die Bank von England unmöglich wurde, ihre Goldreserven wieder aufzustocken; daher stellte sie im September 1931 ihre Zahlungen ein. Die anderen Zentralbanken folgten diesem Beispiel, womit die Welt in ein System fluktuierender Wechselkurse gestürzt wurde, das bis zum Ende des Zweiten Weltkriegs währte.

Es wäre ein Leichtes gewesen, zumindest zum Goldstandard, wie er vor 1914 herrschte, zurückzukehren. Doch dieser Schritt stand nicht zur Debatte. Schlimmer noch: Die Frage, ob jemand anderes als der Staat für die Organisation des Geldwesens zuständig sein könnte, stellte sich damals wie heute nicht.

Ein Blick noch weiter zurück

Doch nicht nur die jüngere, auch die ältere Geschichte hält genügend Beispiele dafür parat, dass die Regierungen es einfach nicht schaffen, ihre Finger vom Geld zu lassen, und immer wieder aufs Neue der Versuchung erliegen, ihre Bürger durch Inflation zu bestehlen. Blicken wir zurück auf die Anfänge des Geldes, so sehen wir, dass schon die ersten Münzen die Symbole oder Abbilder von Herrschern trugen.

Das erste gemünzte Geld – etwa 600 Jahr vor Christi Geburt – soll von König Krösus stammen, der auf die eine Seite der Münze sein Siegel, auf die andere Seite einen Stier und einen Löwen prägen ließ. Im Laufe der Zeit wurden die Prägungen von Herrschern und Regierungen auf Münzen ein Symbol für deren Reinheit, betreffend den Gold- oder Silbergehalt. Und auch das Gewicht einer Münze wurde mit dem staatlichen Siegel bestätigt. So bekam das Geld schon sehr früh seinen staatlichen Anstrich.

Als eines der frühen Beispiele für staatliches Geldversagen kann die römische Silbermünze Denarius dienen. Von der Zeit des Augustus kurz vor Christi Geburt bis zu Diocletian drei Jahrhunderte später verlor die Münze 99 Prozent ihrer Kaufkraft. Den stärksten Verfall erlebte der Denarius während der Herrschaft Neros, der nach dem großen Brand von Rom im Jahr 64 dringend Geld benötigte, um die Stadt wiederaufzubauen. Was lag da näher, als den Silbergehalt der Münze stark zu reduzieren, viel mehr Münzen als andernfalls möglich zu prägen und auf diese Weise den römischen Bürgern ihr Vermögen aus der Tasche zu ziehen. Das war die altertümliche Form von Inflation, also Geldmengenausweitung.

Man mag es kaum glauben, aber zwischen dem frühen 12. und dem späten 15. Jahrhundert fand in China bereits das erste Papiergeldexperiment statt. Herausgegeben wurde das Papiergeld natürlich von den Herrschern und finanziert wurden damit – wir wundern uns nicht – Staatsausgaben. Es endete mit – ebenfalls keine Überraschung – Inflation mit all ihren Begleiterscheinungen, wie wir sie aus den letzten 100 Jahren kennen: mit dem Verbot von Gold und Silber, mit Währungsreformen und wieder neuem Papiergeld – wahrscheinlich mit der Botschaft, dieses Mal werde alles anders. Wichtig zu erwähnen: China kehrte zu Beginn des 16. Jahrhunderts zu einem Warengeldsystem zurück und hielt bis zum 19. Jahrhundert daran fest.

Bekannter als die Geldexperimente in China sind die Erfahrungen, die in Frankreich mit Papiergeld gemacht wurden. Ludwig XIV. (1638–1715) hatte durch seine Kriege die Staatsfinanzen in Grund und Boden gewirtschaftet. Abhilfe versprach der schottische Spieler und Geldtheoretiker John Law (1671–1729). Er war dafür verantwortlich, dass Frankreich zwischen 1716 und 1720 Papiergeld ausgab, um damit seine Staatsfinanzen wieder in den Griff zu bekommen. Die Folge waren die unter der Bezeichnung »Mississippi-Blase« (nach der französischen Mississippi-Handelsgesellschaft) bekannt gewordenen Exzesse an der Pariser Börse.

Der am Ende unausweichliche Crash stürzte die französische Wirtschaft ins Chaos. Wütende Bürger belagerten das Haus von John Law, der um sein Leben fürchtete und flüchtete. An der Grenze wurde er kontrolliert – und siehe da, in seiner Kutsche fanden sich fünfeinhalb Kilogramm Gold. Dabei hatte er selbst verfügt, dass kein Gold das Land verlassen dürfe. Wasser predigen und Wein trinken, könnte man sagen. Law wurde das Gold abgenommen und er musste mittellos weiterreisen.

Zwang und Nötigung

Diese Ereignisse – und es ließen sich zahllose weitere Beispiele auf-zählen – zeigen eines ganz klar: Den Staat über das Geldwesen wa-chen und es ihn organisieren zu lassen, ist, als würde man den Fuchs zum Aufpasser im Hühnerstall machen.

Vor allem aber ist kein Fall in der Geschichte bekannt, in dem Bürger ihre Regierung gebeten hätten, das Geldwesen unter ihre Fittiche zu nehmen oder ein Papiergeldsystem zu installieren. Hierzu schreibt Hülsmann in *Die Ethik der Geldproduktion*:

> *Papiergeld ist niemals durch freiwillige Kooperation zustande ge-kommen. In allen bekannten Fällen wurde es durch Zwang und Nötigung eingeführt, manchmal unter Androhung der Todes-strafe.*

Zwang und Nötigung scheint es auch zu brauchen, denn wer – wenn er bei Sinnen ist – würde freiwillig Geld verwenden, das Jahr für Jahr an Kaufkraft einbüßt, nicht selten durch Hyperinflationen innerhalb kürzester Zeit seine Funktion als Tauschmittel nicht mehr erfüllen kann und die Ersparnisse der Menschen zerstört? Die Deutschen mussten diese bittere Erfahrung im vergangenen Jahrhundert gleich zweimal machen.

Auch der US-Dollar hat seit 1971 bis heute etwa 85 Prozent seiner Kaufkraft eingebüßt. Und der Euro hat in seiner bisher vergleichs-weise kurzen Lebenszeit immerhin schon etwa 30 Prozent seiner Kaufkraft verloren, und das sind nur die offiziellen Teuerungszahlen. Dabei haben es sich die Notenbanken doch zur Aufgabe gemacht, für »stabiles Geld« zu sorgen. »Setzen! Sechs!«, würde es in der Schule heißen. Der unseligen »Politik der Preisstabilität« ist in diesem Buch ein eigenes Kapitel gewidmet.

Der Ökonom Friedrich A. von Hayek (1899–1992), hat es treffend formuliert, als er in seinem Buch *Entnationalisierung des Geldes* (1976) schrieb:

> *Die Geschichte staatlichen Umgangs mit Geld ist, mit Ausnahme einiger kurzer glücklicher Perioden, eine Geschichte von unablässigem Lug und Trug. In dieser Hinsicht haben sich Regierungen als weit unmoralischer erwiesen, als es je eine privatrechtliche Körperschaft hätte sein können, die im Wettbewerb mit anderen eigene Arten von Geld auf den Markt bringt.*

Damit spricht Hayek zugleich an, in wessen Hände die Organisation des Geldwesens gehört, nämlich in die Hände der Bürger. Oder anders ausgedrückt: Welches Geld die Menschen verwenden möchten, das soll der Wettbewerb entscheiden. Genau wie der Wettbewerb in allen möglichen technischen und sonstigen Bereichen die besten Produkte und Dienstleistungen hervorbringt, so würde der Wettbewerb auch zeigen, welches Geld sich als Tauschmittel am besten eignet. Geld unterscheidet sich von anderen Gütern nur insofern, als es sich – weil es knapp, homogen, haltbar, teilbar, transportabel ist, allgemein wertgeschätzt wird und einen relativ hohen (Tausch-)Wert pro Einheit aufweist – am besten als Tauschmittel eignet. Damit werden wir uns im letzten Kapitel »Gutes Geld – schöne Welt« ausführlicher beschäftigen.

Wir haben uns nun einen groben Überblick verschafft, wie sich Staaten weltweit die Macht über das Geld verschafft haben – mit List, mit Tücke und mit Zwang. Man könnte hier noch sehr viel weiter ins Detail gehen, aber das ist für das Verständnis der folgenden Kapitel nicht erforderlich. Wer mehr über die Geschichte des Geldes erfahren möchte, der sei auf die Literaturliste am Ende dieses Buches verwiesen.

Das Tragische bei all den gescheiterten Geldexperimenten ist, dass die Bürger stets die Leidtragenden sind. Sie verlieren über schleichende Geldentwertung und schlimmstenfalls in Währungsreformen große Teile ihres Vermögens, nicht selten alles. Der Politik gelingt es regelmäßig, den Schwarzen Peter für das von ihr angerichtete wirtschaftliche, geld- und gesellschaftspolitische Chaos anderen zuzuschieben. Nur sehr selten gelingt es, die Verantwortlichen zur Rechenschaft zu ziehen. Oft genug bleiben sie gar in Amt und Würden.

Bevor wir uns nun in den einzelnen Kapiteln damit beschäftigen, welche Übel die Verstaatlichung des Geldes für die Menschen mit sich brachte, müssen wir noch zwei kleine Exkurse unternehmen und uns anschauen, wie Geld überhaupt entstanden ist und wie »neues« Geld in die Welt kommt.

Wie Geld entstanden ist

Gerade haben wir gesehen, dass die Menschen zu keiner Zeit ihre Regierungen gebeten haben, sich doch bitte um das Geldwesen zu kümmern oder ein Papiergeldsystem einzuführen.

Geld ist »*keine staatliche Erfindung, nicht das Product eines legislativen Actes und die Sanction desselben Seitens der staatlichen Autorität ist demnach dem Begriffe des Geldes überhaupt fremd. Auch die Existenz bestimmter Waaren als Geld hat sich naturgemäss aus den ökonomischen Verhältnissen herausgebildet, ohne dass die staatliche Einflussnahme hiebei erforderlich gewesen wäre*«.

Keine Sorge, hier ist nicht etwa der Lektor des FinanzBuch Verlages in einen Sekundenschlaf gefallen. Ich zitiere hier aus einem 1871 erschienenen Buch: *Grundsätze der Volkswirthschaftslehre* von Carl Menger (1840–1921).

In diesem Buch zeigte der Wiener Ökonom, dass Geld sich spontan aus dem Markt heraus entwickelt hat, und zwar aus einem Sachgut, wie zum Beispiel Gold. Irgendwann erkannten die Menschen, dass sich Arbeitsteilung leichter organisieren lässt, wenn man über ein indirektes Tauschmittel verfügt. So musste der Bäcker, hatte er zehn Laibe Brot gebacken und brauchte nur eines davon für den eigenen Bedarf, für die restlichen neun Brote nicht erst einen geeigneten Tauschpartner suchen, der zufällig genau das Gut anzubieten hatte, das der Bäcker just in diesem Moment nachfragte. Aber nicht jedes Gut kann zu Geld werden, das können Sie sich sicher vorstellen. Es muss von den Menschen wertgeschätzt werden und – wie eben bereits erwähnt – knapp, homogen, haltbar, teilbar, transportabel sein und einen relativ hohen (Tausch-)Wert pro Einheit aufweisen.

Mit »Geld« überwanden die Menschen das sogenannte Problem der doppelten Koinzidenz (Zusammenfallen) der Bedürfnisse, das in einer Volkswirtschaft ohne Geld regelmäßig auftritt. Denn es ist sehr unwahrscheinlich, dass zu einem gewünschten Zeitpunkt genau der Tauschpartner mit der gewünschten Ware auftaucht, der auch noch das Gut nachfragt, das man selbst gerade anzubieten hat.

Arbeitsteilung und Spezialisierung lassen sich ohne Geld in einer Volkswirtschaft nur schwierig und nur in eingeschränktem Maße realisieren. Sie können sich denken, dass die Menschen im Laufe der Zeit ganz allein auf die Idee eines indirekten Tauschmittels kamen und es dafür nicht den geistigen Ergüssen irgendwelcher Herrscher, Politiker oder sonstiger Bürokraten bedurfte: Geld hat sich »aus dem Markt heraus entwickelt«, ist somit keine staatliche Erfindung. Wie es vor sehr langer Zeit zur Entstehung der Institution »Geld« kam, haben wir damit also geklärt.

In der Menschheitsgeschichte wurden meist die Edelmetalle Gold und Silber als Geld verwendet, weil sie genau die oben beschriebenen Eigenschaften aufweisen. Zudem ist es noch nie jemandem gelungen, Edelmetalle synthetisch herzustellen. Deswegen standen Edelmetalle und Regierungen schon immer auf Kriegsfuß, denn im Gegensatz zu Papiergeld lassen sich diese Metalle nun mal nicht beliebig vermehren.

Womit wir auch schon bei der Frage angelangt wären, wie Geld heutzutage entsteht und wie es vermehrt wird.

Fiat Money

So wie der Chef der Investmentbank Goldman Sachs, Lloyd Blankfein, einmal behauptete, er sei ein Banker, der Gottes Werk verrichte, kann man auch beim Geld von einer Art göttlichem Schöpfungsakt sprechen. In der biblischen Schöpfungsgeschichte, wie sie das 1. Buch Mose (Genesis) schildert, können wir lesen: »*Dixitque Deus fiat lux et facta est lux.*« Auf Deutsch: »*Und Gott sprach: Es werde Licht! Und es ward Licht.*«

Genau wie Gott es einem Magier gleich aus dem Nichts »Licht werden ließ«, lassen Banken das Geld aus dem Nichts entstehen. Ja, Sie haben richtig gehört: die Banken. Auf das heutige Geldsystem übertragen, hieße das: »*Dixitque argentarius fiat pecunia et facta est pecunia.*« Also: »*Und die Bank sprach: Es werde Geld! Und es ward Geld.*« Weil neues Geld heute aus dem Nichts entsteht, spricht man auch von Fiat-Geld oder einem Fiat-Geldsystem.

Sie könnten sich jetzt wieder die Mühe machen und Freunde und Bekannte fragen, was sie glauben, wie neues Geld entsteht. Aber machen wir es nicht unnötig kompliziert. Außerdem kenne ich die Antwort, die Ihnen in neun von zehn Fällen gegeben würde, ohnehin, denn ich habe diese Frage schon unzählige Male gestellt. Die über-

wältigende Mehrheit der Menschen glaubt nämlich, dass neues Geld
von den Zentralbanken kommt. »Die Notenbanken drucken das«, so
höre ich stets.

Das aber ist insofern falsch, als der weitaus größte Teil der Geldentstehung bei den Geschäftsbanken stattfindet, also auch bei Ihrer
Sparkasse um die Ecke, nämlich in dem Moment, wenn ein Kredit
ausgereicht wird. Neben *Fiat-Geldsystem* spricht man daher auch von
Schuldgeldsystem. Ich werde im Verlauf des Buches übrigens, schon
allein der Abwechslung wegen, die Begriffe *Fiat-Geldsystem*, *Schuldgeldsystem* oder auch *Papiergeldsystem* verwenden. Gemeint ist dabei
immer, dass Geld aus dem Nichts entsteht, *ex nihilo*, wie der Lateiner
sagen würde.

Es ist also ein Mythos, dass Banken Einlagen von Sparern annehmen und diese dann als Darlehen weiterreichen. Die Realität ist eine
andere: Eine Bank vereinbart mit einem Darlehensnehmer einen
Kreditvertrag über beispielsweise 100.000 Euro. Nach Unterzeich-
nung bucht sie eine Forderung auf der Aktivseite ihrer Bilanz und
den Darlehensbetrag schreibt sie dem Kunden auf seinem Girokonto
gut. Damit erscheint das neu auf die Welt gekommene Geld auch auf
der Passivseite, als Verbindlichkeit an Kunden. Schließlich muss die
Bilanz ja ausgeglichen sein. So einfach ist das.

Damit die Darlehensnehmer im Anschluss das neue Geld für das
Bezahlen einer Rechnung verwenden können, stellt die Zentralbank
im Hintergrund sogenanntes Zentralbankgeld zur Verfügung. Das
ist aber nicht der Rede wert, denn das entsteht ebenfalls per Knopfdruck. Für das neu geschaffene Geld muss die Geschäftsbank bei der
Zentralbank eine sogenannte Mindestreserve halten. Und die liegt
gegenwärtig bei 1 (!) lächerlichen Prozent. Zu meiner Zeit als Bank-
azubi, das war Mitte der 1980er-Jahre, mussten noch bis zu 30 Prozent Mindestreserve hinterlegt werden. Wegen der zu haltenden Min-

destreserve spricht man auch von einem *Teilreserve-Geldsystem*. Dieser Begriff wird Ihnen im Buch ebenfalls immer wieder begegnen.

Der mit Abstand größte Teil der vorhandenen Geldmenge besteht daher nicht aus Scheinen und Münzen, sondern aus Buchgeld, auch *Giralgeld* genannt.

Eine Zentralbank lässt aber auch Geld entstehen, um beispielsweise Aktien, Devisen oder Anleihen zu erwerben. So hat die EZB im Rahmen ihres Anleihekaufprogrammes seit Anfang 2015 rund 2,6 Billionen Euro in die Märkte gepumpt.

Allein die in diesem einen Kapitel geschilderten Ereignisse und Feststellungen würden im Grunde genügen, das staatlicherseits organisierte Geldwesen infrage zu stellen. Schließlich haben Banken das Privileg, Geld aus dem Nichts entstehen zu lassen. Und was ist mit Ihnen? Sie müssen für Geld täglich zur Arbeit gehen, oder?

Wenn aber schon Laien keine kritischen Fragen zur Geldschöpfung stellen, warum tun es dann nicht zumindest die vielen Experten und Ökonomen? Auch diese Frage wird im Verlauf des Buches beantwortet. Nur eines vorab: Die herrschende Volkswirtschaftslehre hat mit der Verbreitung von Theorien, die für ein aus Menschen bestehendes System inkompatibel und schädlich sind, ihren wesentlichen Anteil daran und viele Ökonomen und Wirtschaftsforschungsinstitute sind von staatlichen Aufträgen mehr oder minder abhängig geworden.

Der Chefvolkswirt der *WirtschaftsWoche*, Malte Fischer, schreibt dazu in einem Beitrag vom Mai 2014 auf der Internetseite des Ludwig von Mises Institut Deutschland:

> *Doch wie unabhängig kann die Wirtschaftsforschung vom Staat sein, wenn sie sich überwiegend aus staatlichen Quellen finanziert?*

Kann ein Institut, das Gutachten im Auftrag der EU anfertigt, gegen den Euro wettern? Denkbar ist, dass Institute, deren Forschungsergebnisse den Regierenden nicht passen, bei der Vergabe staatlicher Gutachtenaufträge in Zukunft den Kürzeren ziehen. Das Sanktionspotenzial der Regierung ist nicht zu unterschätzen, besonders in Zeiten, in denen sich der Staat massiv in die Wirtschaft einmischt und nach wissenschaftlicher Legitimation für sein Streben sucht, das freie Spiel der Marktkräfte auszuhebeln.

Das Geldangebot müsse sich der Geldnachfrage anpassen, die Güterpreise müssten stabil gehalten und fallende Preise in jedem Falle verhindert werden, das sind nur einige der Botschaften, die den Bürgern von den meinungsbildenden Ökonomen immer wieder aufs Neue eingetrichtert werden.

Mit der Politik der Geldwertstabilität und wie sie uns allen schadet, damit wollen wir uns in dem folgenden Kapitel beschäftigen.

KAPITEL 2

Politik der Preisstabilität –
ein trojanisches Pferd

Kennen Sie das böse, böse Deflationsgespenst? Nein? Dann seien Sie
froh, dass wir dank der weisen und stets weitsichtigen Geldpolitik
unserer Notenbanker davor bewahrt werden, mit ihm Bekanntschaft
machen zu müssen.

Denn: *Deflation! Das bedeutet fallende Güterpreise auf breiter Front, weil
die Konsumenten ihr Geld nicht ausgeben wollen. Sie rechnen mit fallenden Preisen und schieben geplante Anschaffungen auf die lange Bank. Die
Umsätze und Gewinne der Unternehmen brechen in der Folge ein und die
Wirtschaft schrumpft. Unternehmenspleiten und steigende Arbeitslosigkeit
sind die unvermeidbaren Folgen.*

So jedenfalls erzählen Ökonomen und auch Politiker uns das regelmäßig. Was uns Letztere nicht sagen, aber das nur nebenbei: Auch
die direkt an den Preisen für Güter und Dienstleistungen hängenden
Umsatzsteuereinnahmen, die Haupteinnahmequelle des Staates,
würde bei sinkenden Güterpreisen zurückgehen. Und daran, da können Sie sicher sein, fänden gerade Regierungen überhaupt keinen
Gefallen.

Preisstabilität ist das Credo

Aber nicht nur vor einem Rückgang des allgemeinen Preisniveaus, auch vor übermäßiger Preisinflation will uns die moderne Geldpolitik beschützen. Eine Teuerungsrate bis etwa 2 Prozent gilt dabei gemeinhin als tolerabel. Mehr noch, diese 2 Prozent strebt man sogar an, damit man einen Puffer zur Deflationstodeszone hat. Keine fallenden Preise zuzulassen und Preissteigerungen bis zu 2 Prozent anzustreben, das wird in der modernen Ökonomik als »Preisstabilität« bezeichnet.

Ein weiteres Argument, die Geldpreise stabil zu halten, ist die Behauptung, eine Volkswirtschaft würde dann effektiver funktionieren. Die Unternehmen könnten besser und auf gesicherterer Basis kalkulieren.

Die Gewährleistung stabiler Preise ist der beste Beitrag, den die Zentralbanken zur Verbesserung des individuellen Wohls aller leisten können.

So kann man es auf der Internetseite der Europäischen Zentralbank (EZB) in einem Artikel vom Mai 2017 nachlesen.

Eine Branche, die seit Jahren, ach was, seit Jahrzehnten mit sinkenden Preisen sehr gut zurechtkommt, ist die Technologiebranche. Angefangen von Flachbildschirmen über PCs und Tablets bis hin zu Mobiltelefonen – die Preise kennen hier stets nur einen Weg: den nach unten. Und dennoch gehen die Technologieunternehmen nicht reihenweise bankrott. Im Gegenteil – eine Innovation jagt die nächste. Irgendwie komisch. Gelten für diese Branche vielleicht spezielle Regeln?

Genau dieses Phänomen erwähnt, oh Wunder, auch die EZB in dem genannten Artikel. Der Effekt niedrigerer Preise könne durchaus positiv sein, sofern er mit Verbesserungen in der Herstellung zusammenhängt und es werden beispielhaft die Preisrückgänge bei Laptops, Telefonen und zahlreichen anderen Elektrogeräten genannt. Aber halt. Trifft das nicht auf nahezu alle Branchen zu? Überlegen Sie, welche Bedeutung heute die Automatisierung gerade bei Massenartikeln hat. Und selbst eine moderne Bäckerei ist heute um Welten produktiver als ein Backbetrieb vor beispielsweise 30 Jahren. Warum also sollten nicht auch andere Branchen als nur die Technologiebranche mit fortschreitender Automatisierung der Produktion mit fallenden Preisen zurechtkommen? Mir fällt kein Grund ein.

Dennoch gilt die Theorie der Preisstabilität heute als unumstößlich und ist innerhalb der Volkswirtschaftslehre zur allgemeinen Lehrmeinung aufgestiegen.

Inflation und Deflation

Beschäftigen wir uns zunächst mit den Begriffen *Inflation* und *Deflation*. Heute wird der Begriff *Inflation* im Allgemeinen mit steigenden und *Deflation* mit fallenden Preisen gleichgesetzt. So wird es auch in den Schulen und sogar in den Universitäten gelehrt. Das ist so jedoch nicht korrekt. Inflation ist nämlich abgeleitet vom lateinischen Wort *inflare*, was so viel bedeutet wie »aufblasen« oder »aufblähen«. *Deflation* hat die gegenteilige Bedeutung und kommt vom lateinischen *deflare*, »wegblasen«. Auf die sich im Umlauf befindliche Geldmenge bezogen, bedeutet Inflation eine Ausweitung und Deflation eine Schrumpfung der Geldmenge.

Das Ansteigen der Preise ist letztlich nur eine Folge von Inflation, also Geldmengenausweitung. Genau wie das Absinken der Preise eine Folge von Deflation, also einer Schrumpfung der Geldmenge ist. Nach einer Ausweitung der Geldmenge befindet sich das Preisniveau über dem Niveau, dass sich ohne eine Veränderung der Geldmenge eingestellt hätte. Der Anstieg des Preisniveaus wäre also korrekterweise als Preisinflation zu bezeichnen. Schrumpft die Geldmenge, stellt sich ein Preisniveau ein, das unter dem liegt, das sich ansonsten eingestellt hätte und der Preisrückgang wäre richtigerweise als Preisdeflation zu bezeichnen. So weit die Theorie.

Die Veränderung des Preisniveaus wird gemessen anhand eines Warenkorbes, in dem Statistiker repräsentativ für alle Bürger die verschiedensten Waren und Dienstleistungen hineingepackt haben. Aus den Veränderungen der Preise wird Monat für Monat der Verbraucherpreisindex berechnet. Dieser Index definiert sich laut Internetseite des Statistischen Bundesamtes so:

Der Verbraucherpreisindex für Deutschland misst die durchschnittliche Preisentwicklung aller Waren und Dienstleistungen, die private Haushalte für Konsumzwecke kaufen. Darunter fallen zum Beispiel Nahrungsmittel, Bekleidung und Kraftfahrzeuge ebenso wie Mieten, Reinigungsdienstleistungen oder Reparaturen. Nach dem Inlandskonzept werden alle Ausgaben berücksichtigt, die in Deutschland getätigt werden, das heißt neben den Ausgaben von beispielsweise Single-Haushalten, Ehepaaren, Familien oder Rentnerehepaaren auch die Ausgaben ausländischer Touristinnen und Touristen. Die Veränderung des Verbraucherpreisindex zum Vorjahresmonat beziehungsweise zum Vorjahr wird umgangssprachlich auch als Inflationsrate bezeichnet.

Da haben wir es. Ganz offen und unverblümt wird hier der Begriff »Inflation« umgedeutet und auf die Veränderung der Verbraucherpreise angewandt. Nochmal: Inflation ist die Ausweitung der Geldmenge und die Veränderung des Preisniveaus ist die Auswirkung davon. Gleich werden wir sehen, wo hier die Krux liegt.

Wenn sich in einer Volkswirtschaft Wachstum einstellt, dann bedeutet das, dass mehr Güter produziert werden. Bleibt die Geldmenge

unverändert und die Gütermenge wächst, wird das – bei gleichbleibender Geldnachfrage – zwangsläufig zu fallenden Preisen führen,
nach heutiger Definition also zu »Deflation«, korrekterweise aber
handelt es sich in diesem Fall um »Preisdeflation«. Man könnte auch
sagen, dass die Kaufkraft einer Geldeinheit ansteigt. Es wäre also ein
natürliches Phänomen, dass bei steigendem Wirtschaftswachstum
die Preise für Güter und Dienstleistungen stetig zurückgehen. Die
Bürger dürfte das freuen. So *könnte* unsere Welt aussehen. Könnte.

Die heutige Geldpolitik funktioniert jedoch anders. Weil es nicht gewollt ist, dass das allgemeine Preisniveau fällt, weil fallende Preise ja
so schlimm sind, reagieren die Notenbanken auf eine steigende Güterproduktion und in Erwartung eines Absinkens des Preisniveaus mit
einer Ausweitung der Geldmenge. Den Prozess der Geldmengenausweitung steuern die Notenbanken über das Absenken des Leitzinses,
über die von den Banken zu unterhaltende Mindestreserve und über
die Liquidität, die sie den Geschäftsbanken zur Verfügung stellen.

Mit der so initiierten Geldmengenausweitung wird ein möglicher
Rückgang bei den Güterpreisen kompensiert, der bei steigender
Güterproduktion und gleichbleibender Geldnachfrage zu erwarten
wäre. Man kann diesen Vorgang aber auch ganz unverhüllt als das
beschreiben, was es ist: *Durch das Drucken von Geld wird die Kaufkraft
des Geldes systematisch entwertet.*

Politik der Volksverdummung

So kommen wir nun Schritt für Schritt einer Geldpolitik auf die Schliche, für die die Bezeichnung »perfide« eine echte Untertreibung ist.
Perfide deshalb, weil per Geldmengenausweitung eine Kaufkraftstei-
gerung von Geld ganz gezielt verhindert wird. Das allgemeine Preisniveau sinkt also nicht, sondern bleibt unverändert oder *stabil.*

Monat für Monat verkünden die staatlichen Statistikämter in den Medien relativ niedrige *Inflationsraten*. Aber heimlich, still und leise wurden die Geldmengen ausgeweitet, wurde also (Buch-)Geld geschaffen. So sind die Preise in der Eurozone von Beginn des Jahres 2014 bis Ende 2016 nur um 0,2 Prozent gestiegen. Aber die Geldmenge wurde im gleichen Zeitraum um 10 Prozent ausgeweitet. Das ist Volksverdummung par excellence. Wenn Sie es Betrug oder Hinterlist nennen möchten, von mir aus gerne.

Jetzt wissen Sie auch, warum Ihnen in der Kapitelüberschrift ein »trojanisches Pferd« begegnet ist. Im Inneren der Preisstabilitätspolitik stecken Mechanismen, die den Geldwert systematisch zerstören. Nach außen wird der Anschein erweckt, den Geldhaltern würde ein guter Dienst erwiesen. So wie sich Krieger im Bauch eines riesigen Holzpferdes versteckten, ein vermeintliches Geschenk der Griechen an die Stadt Troja.

Dabei muss man festhalten, dass die sogenannten Experten bei ihren Überlegungen zur Politik der Preisstabilität einen ganz entscheidenden Fehler machen: Sie blenden völlig aus, dass der Mensch wie ein Mensch handelt. Heißt: Menschen handeln nicht stets nach dem gleichen Muster. Manchmal sind sie unsicher, halten sich mit Käufen und Investitionen zurück, nicht, weil sie möglicherweise fallende Preise erwarten, sondern einfach, weil sie unsicher sind, was die Zukunft bringen mag, und daher Geld für mögliche, unerwartete Ereignisse zurückhalten oder ansparen möchten.

Dieses menschliche Verhalten *muss*, wenn Preise ihre Funktion als Signalgeber in einer Marktwirtschaft erfüllen sollen, in fallenden Güterpreisen münden dürfen.

Wenn die Geldpolitik solchen Preisrückgängen mit Geldmengenausweitung entgegenwirkt, wird die Signalfunktion der Preise erheblich gestört, wenn nicht gar *zer*stört. Diese Störung der Signalfunktion hat überdies zur Folge, dass Ressourcen, weil falsch bepreist, nicht immer ihrer effizientesten Verwendung zugeführt werden. Diese Verschwendung schädigt nicht nur die Volkswirtschaft. Dazu kommen wir später noch ausführlicher.

Umgekehrt muss eine starke Nachfrage nach Konsum- und Investitionsgütern – wenn die Marktteilnehmer in überschäumender Laune sind – auch zu stark steigenden Preisen führen dürfen. Das signalisiert nämlich eine mögliche Übertreibung in einer Volkswirtschaft, wirkt bremsend und hält die meisten Marktteilnehmer von letztlich unrentablen Investitionen ab.

Denken wir uns einmal die Notenbank weg. Die bräuchte es nämlich nicht. Schaffen wir sie ab. Die Zinsen für Kredite würden in einer boomenden Wirtschaft aufgrund hoher Nachfrage von ganz allein ansteigen. Dazu braucht es keinen sich Allwissen anmaßenden Zentralbankpräsidenten und keine Zentralbankräte.

Der Weg zur Politik der Preisstabilität

Eine Frage, die wir unbedingt noch klären müssen: Wie kam es überhaupt zu dieser allgemein anerkannten und heute nicht mehr infrage gestellten »Politik der Preisstabilität«? Blicken wir etwa 100 Jahre zurück: In den 1920er-Jahren gab es in der Wirtschaft durch den Einsatz zahlreicher neuer Technologien einen starken Anstieg der Produktivität. Gleichzeitig wurde die Geldmenge durch die US-amerikanischen Banken über die Vergabe von Krediten enorm ausgeweitet. Durch diese Kredit- oder Geldmengenausweitung blieben die Konsumentenpreise nahezu über das ganze Jahrzehnt stabil. *Ohne* diese Geldmengenausweitung wären die Preise aber gefallen. Näher betrachtet, handelte es sich natürlich um einen kreditinduzierten Boom, nur war der – blickte man isoliert nur auf die Konsumentenpreise – als solcher nicht erkennbar. In dem Kapitel »Vom Boom zum Bust« werden wir uns mit solchen Booms näher beschäftigen.

Die gigantische Geldmengenausweitung führte zu einer ebenso gigantischen Aktienblase, die im Jahr 1929 in einem brutalen Crash zerplatzte. Zahllose Unternehmen und Privatleute gingen bankrott und konnten ihre Darlehen nicht mehr zurückzahlen. Banken brachen unter der Last fauler Kredite zusammen. Der Ausfall von Krediten ließ die Geldmenge schrumpfen – sie verschwand im Nichts, so wie sie entstanden war – und die Güterpreise sanken auf breiter Front. Die (Kredit-)Boomjahre sind als die »Roaring Twenties« und der folgende Zusammenbruch als die »Große Depression« in die Geschichtsbücher eingegangen.

Letztlich ist die heute von allen Notenbanken weltweit verfolgte »Politik des stabilen Geldes« auf eine Fehldeutung der damaligen Ereignisse zurückzuführen. Die schwere Depression hätte vermieden werden können, hätte man mit billigem Geld und neuen Kreditinjektionen gegengesteuert, so die Meinung der Ökonomen, allen voran des US-amerikanischen Wirtschaftswissenschaftlers Milton Friedman (1912–2006). Dabei waren der Boom und der Zusammenbruch ja gerade *wegen* der Geldmengenausweitung erst entstanden.

Der frühere US-Notenbankchef Ben Bernanke schloss sich Friedmans Deutung nicht nur an, vielmehr lobte er ihn sogar anlässlich einer Rede zu dessen 90. Geburtstag überschwänglich für seine Erkenntnisse. Kein Wunder also, dass Bernanke mit Ausbruch der Finanzkrise im Jahr 2007 gemeinsam mit den anderen Notenbankchefs der Welt die Märkte mit Unmengen an Liquidität überschüttete und die Zinsen weltweit auf Null abgesenkt wurden.

Eine Volkswirtschaft braucht keine wachsende Geldmenge

Ein heute ebenfalls von der Seite der Wissenschaft anerkanntes Argument, das von Ökonomen für die Ausweitung der Geldmengen ins Feld geführt wird, ist: eine Volkswirtschaft brauche für ihr Wachstum auch eine wachsende Geldmenge. Doch dieses Argument hält einer logischen Betrachtung nicht stand. Denn Geld ist Tauschmittel – und sonst nichts. Eine Volkswirtschaft kommt daher denknotwendig und prinzipiell mit *jeder* Geldmenge zurecht.

Steigt die Güterproduktion, fallen bei stabiler Geldnachfrage und gleichbleibender Geldmenge die Güterpreise. Nimmt die Menge der Güter in einer Volkswirtschaft ab, steigen die Güterpreise bei stabiler Geldnachfrage. Und wenn Geld für Investitionen benötigt wird, dann muss es vorher jemand ansparen. Sollte ein Investor das Geld nicht ansparen können, mangels Zeit oder Einkommen, dann muss er sich die nötigen Mittel eben bei jemand anderem, der gespart hat, leihen. So einfach ist das.

Könnten wir durch Geldmengenausweitung, also Gelddrucken, reich werden, dann hätte ich natürlich auch nichts dagegen. Außerdem: Wenn es wirklich funktionieren würde, dann könnten wir doch die Geldmengen pro Jahr nicht nur um, sagen wir, 5 Prozent ausweiten, sondern vielleicht um 50 Prozent?

Überhaupt, wer kann eigentlich wissen, um wie viel Prozent die Geldmenge ausgeweitet werden muss? Um 2 Prozent vielleicht, wenn das Wirtschaftswachstum 2 Prozent beträgt? Was, wenn die Wirtschaft aber überraschend schrumpft? Dann müsste man ja theoretisch die Geldmenge schrumpfen lassen, also den Märkten wieder Geld entziehen. Das passiert aber in der Praxis nicht. Im Gegenteil. Dann werden nämlich die Stimmen laut, die nach einer Stimulierung der Wirtschaft rufen. Und wie stimuliert man eine Volkswirtschaft nach heutigen wissenschaftlichen Maßstäben? Genau, mit Zinssenkungen, billigerem Geld und neuen Krediten.

Wehe, in einem Papiergeldsystem schrumpft die Geldmenge

Betrachten wir noch einmal das eingangs erwähnte Deflationsgespenst. Nun dürfte so langsam klar werden, *warum* von ihm solch eine Angst ausgeht. Wurde nämlich ein Papiergeldsystem wie das unsere installiert, und die Schuldenspirale dreht sich immer schneller und höher, dann können fallende Preise in der Tat ein Horrorszenario auslösen, und zwar für Schuldner *und* Gläubiger gleichermaßen – für Schuldner, weil sie sich nicht mehr refinanzieren können, und für Gläubiger, weil sie ihr verliehenes Geld nicht mehr zurückbekommen. Unter *verliehenem Geld* sind übrigens auch die Einlagen von Bankkunden zu verstehen. Sie haben das Geld auf Ihrem Giro- oder Tagesgeldkonto Ihrer Bank nicht geliehen? Nun, Ihre Bank sieht das aber so. Ein solches Horrorszenario drohte 2007/2008. Kein Wunder, dass Notenbanken und Regierungen so panisch reagierten.

Wenn neues Geld in einer Bank durch die Ausreichung eines Kredites entstanden ist, dann ist es logisch, dass ein Kreditausfall dieses Geld auch wieder verschwinden lässt. Folge: Die Geldmenge schrumpft. Es kommt zu einer regelrechten Kaskade von Pleiten und Kreditausfällen, was zwangsläufig Bankpleiten zur Folge hat. Denn das Eigenkapital der Banken ist so knapp, dass sie größere Kreditausfälle niemals verkraften könnten. Und weil wir in einem Teilreserve-Banksystem leben, die Einlagen beim aktuellen Mindestreservesatz von 1 Prozent also praktisch nicht gedeckt sind, gerät das Geld der Einleger in Gefahr und das Szenario eines Bankruns wird real. Damit wird klar, warum gerade die Banken regelmäßig in die Schlagzeilen geraten und gerettet werden müssen, wenn das Finanzsystem mal wieder in Schieflage geraten ist. Doch rettet jemand Ihren Bäcker um die Ecke, wenn der sich verkalkuliert hat?

Es gilt also festzuhalten, dass man *nur* in einem Papiergeldsystem, in dem Geld in Form von Krediten *ex nihilo*, also aus dem Nichts entsteht, vor fallenden Preisen Angst haben muss. *Ohne* Geldmengenausweitung herrschte in einer Volkswirtschaft eine Tendenz zu einem absinkenden allgemeinen Preisniveau. Ein Phänomen, gegen das ich – und Sie wahrscheinlich auch – nichts einzuwenden hätte. Den Tank meines Autos zu füllen für 40 statt für 70 Euro. Ein Brötchen kaufen für 25 statt für 50 Eurocent. In den Urlaub zu fahren für 1.500 statt für 3.000 Euro – besser noch, doppelt so lange Urlaub machen. Das hätte Charme.

Fazit

Leider muss ich Sie wieder in die Realität zurückholen. Fassen wir zusammen, was wir zur Hauptaufgabe der EZB, für stabile Preise zu sorgen, festgestellt haben. Sie ist wie ein trojanisches Pferd und kommt quasi als Geschenk daher. Ich zitiere nochmals den Satz, den wir auf der EZB-Internetseite finden:

> *Die Gewährleistung stabiler Preise ist der beste Beitrag, den die Zentralbanken zur Verbesserung des individuellen Wohls aller leisten können.*

Sehr geehrte Zentralbankräte, nein, das ist nicht der beste Beitrag, den Sie leisten können. Ihre Politik der Preisstabilität ist vielmehr perfide und hinterlistig, weil sie schleichend die Kaufkraft des Geldes zerstört.

Stellen wir uns nun die Frage: Wenn durch Geldmengenausweitung die Kaufkraft je Geldeinheit schleichend ausgehöhlt wird, wohin entschwindet sie? Löst sie sich in Luft auf? So viel gleich vorweg: Die Antwort ist ein eindeutiges Nein. Wohin sie entschwindet, darum geht es im nächsten Kapitel.

KAPITEL 3

Unser Geldsystem
ist sozial ungerecht

Noch sehr gut kann ich mich an einen Artikel erinnern, den ich vor einigen Jahren zum Thema Inflation schrieb und der unter der Überschrift »The State Causes the Poverty It Later Claims to Solve« unter anderem beim US-amerikanischen Mises Institute in Auburn, Alabama, veröffentlicht wurde. Das ist mittlerweile fast sechs Jahre her. Irgendwie muss ich den Lesern damals aus der Seele gesprochen haben, denn der Artikel erhielt über 5.000 Facebook-Likes, was mich damals sehr stolz machte.

In diesem Beitrag ging es darum, auf welch hinterhältige Art und Weise der Staat mit seinem Papiergeldsystem soziale Ungleichheit und Ungerechtigkeiten schafft, die er dann – als Wohltäter auftretend – wieder aus der Welt zu schaffen vorgibt. Ich hatte das damals als »perfides Geschäftsmodell« bezeichnet. Zu dieser Aussage stehe ich heute mehr denn je.

Und gleich eines vorweg. Meine Absicht ist es mitnichten, zwei Klassen in der Gesellschaft zeichnen zu wollen – eine, der genommen, und eine andere, der gegeben wird. Ebenso wenig werde ich ein Feindbild von den »Reichen« aufbauen, die die »Ärmeren« ausbeuten. Dieses schmutzige Geschäft überlasse ich sehr gerne Politikern, die damit tagtäglich die Gesellschaft auseinanderdividieren und die Menschen gegeneinander ausspielen.

Gerade linke Parteien sind sehr geübt darin, bei jeder Statistik, die veröffentlicht wird und nur einen Hauch von angestiegener Einkommensungleichheit in der Gesellschaft zeigt, reflexartig mehr Umverteilung zu fordern, was in der Praxis natürlich immer einem Ruf nach höheren Steuern für die sogenannten Vermögenden gleichkommt. Nachdem die Volksparteien in den zurückliegenden Jahren ihre Programme stark nach links verschoben haben, stimmen sie immer häufiger in diesen Ruf mit ein.

Wenn jemand sein Geld auf ehrliche Art und Weise, mit Fleiß und Geschick oder auch mit Glück verdient hat, sollten wir ihm neidlos sein Einkommen und Vermögen gönnen, vorausgesetzt, er hat niemanden geschädigt und niemandes Eigentum verletzt. Wenn dieser Jemand sein Geld in Aktien oder Immobilien investiert und diese Anlageklassen ihm hohe Vermögenszuwächse bescheren, auch weil die Notenbankpräsidenten weltweit die Geldschleusen öffnen und die Vermögenspreise nach oben treiben, kann ihm niemand, der objektive Maßstäbe anlegt, einen Strick daraus drehen.

Anders sieht es bei denen aus, die das Geldsystem für ihre Zwecke einsetzen, es befürworten und direkt davon profitieren, zuvorderst der Staat und seine Symbionten, die Banken. Ich werde später auch auf diejenigen zu sprechen kommen, die indirekt von diesem Geldsystem profitieren.

Kaufkraft ade

In diesem Kapitel möchte ich vor allem herausarbeiten, wohin die Kaufkraft des Geldes – wie ich es im letzten Kapitel angedeutet habe – entschwindet. Folgende Überlegung dazu: Nehmen wir an, in einer Volkswirtschaft beträgt die Geldmenge 1.000 Einheiten. Nun wird sie per Knopfdruck um weitere 1.000 Einheiten ausgeweitet. Die Gütermenge verändert sich im Moment der Geldmengenausweitung natürlich nicht. Aber ihr stehen nun doppelt so viele Geldeinheiten gegenüber wie zuvor. Beginnen diejenigen, die in den Besitz des neuen Geldes gelangen, das Geld auszugeben, also Güter zu erwerben, werden die Preise, nachdem das neue Geld ausgegeben wurde, notwendigerweise höher sein als zuvor, denn eine erhöhte Nachfrage trifft auf ein unverändertes Güterangebot.

Damit Sie eine Vorstellung davon bekommen, um welche Größenordnungen es überhaupt geht, wenn wir von Geldmengenausweitung sprechen, schauen wir uns beispielhaft die Entwicklung der Geldmenge M3 im Euroraum an. (Die Geldmengen werden mit M für Englisch *money* und einer Ziffer von 1 bis 3 bezeichnet.) Die Geldmenge M3 umfasst Bargeld, Sichteinlagen, Geldmarktfonds und Bankschuldverschreibungen mit einer Laufzeit von bis zu zwei Jahren. M3 wurde von 1999 an bis Ende 2018 um sagenhafte 170 Prozent ausgeweitet. Das Bruttoinlandsprodukt (BIP) in der Eurozone stieg im gleichen Zeitraum real lediglich um etwa 37 Prozent.

Unschwer lässt sich erkennen, dass zwischen Geldmengenausweitung und Wirtschaftswachstum eine riesige Lücke klafft. Ein Teil des neu geschaffenen Geldes hat natürlich in den Konsumentenpreisen seine Wirkung entfacht, sie stiegen in diesem Zeitraum um 41 Prozent. Was nicht in den Konsumentenpreisindex einfließt, das sind die Preissteigerungen an den Aktien- und den Immobilienmärkten. Und auch nicht die Wertanstiege bei beispielsweise Oldtimern oder

Kunstwerken. Wenn sich Ihr Vermögen in den vergangenen knapp zwanzig Jahren also nicht analog dem Anstieg der Geldmenge entwickelt hat, dann dürfen Sie davon ausgehen, dass Sie eher zu den Verlierern des großen EZB-Banken-Monopoly-Spiels gehören und andere im Vergleich zu Ihnen relativ reicher geworden sind.

Eines steht in jedem Fall fest: Die EZB ist ihrem ohnehin fragwürdigem Ziel, das allgemeine Preisniveau stabil zu halten – vor allem aus dem Blickwinkel, was der Normalbürger unter »stabil« versteht –, mit Pauken und Trompeten, durchgefallen.

Leider wissen wir nicht, wie sich die Kaufkraft des Euro *ohne* Geldmengenausweitung entwickelt hätte – hätte man das Tauschmittel »Geld« also unbeeinflusst, allein durch Angebot von und Nachfrage nach Geld, seine Kaufkraft entwickeln lassen. Aber aus dem Kapitel »Politik der Preisstabilität – ein trojanisches Pferd« wissen wir, dass die Kaufkraft von Geld bei einer steigenden Güterproduktion tendenziell ansteigt, weil einer unveränderten Geldmenge ein höheres Güterangebot gegenübersteht.

Zugegeben, es ist natürlich unrealistisch, in einem staatlichen Teilreserve-Papiergeldsystem anzunehmen, dass sich die Geldmengen *nicht* erhöhen. Gerade zu diesem Zweck erlaubt man den Banken ja, mit Teilreserven zu operieren und per Kreditvergabe Fiat-Geld zu schaffen. Der Staat ist letztlich einer der Hauptnutznießer dieses Geldsystems, kann er sich doch so über eine immer höhere Verschuldung immer größere Finanzspielräume verschaffen – in jedem Fall größere, als es rein über die Erhebung von Steuern möglich wäre.

Wo ist die Kaufkraft geblieben?

Der Wohlstand einer Volkswirtschaft lässt sich definieren über die Menge der Güter, die den Menschen zur Verfügung steht. Eine Gesellschaft wird also ärmer, wenn die Menge der verfügbaren Güter abnimmt. Durch die Ausweitung der Geldmenge werden aber keine Güter vernichtet (jedenfalls nicht direkt – wir kommen im nächsten Kapitel auf diesen Punkt zurück), also wird die Volkswirtschaft im Moment der Schöpfung neuen Geldes auch nicht ärmer. Wenn die Gesellschaft in Summe aber nicht ärmer wird, sondern nur ein Teil der Gesellschaft, dann muss notwendigerweise ein Teil des volkswirtschaftlichen Vermögens von den einen Marktteilnehmern auf andere Marktteilnehmer übergehen. Vermögen wird also *umverteilt*.

Es ist schon einige Zeit her, dass der irische Bankier und Ökonom Richard Cantillon (1680–1734) diesen Effekt erkannte und beschrieb. Der Effekt der Umverteilung von Kaufkraft und Vermögen durch Geldmengenausweitung wurde entsprechend nach ihm benannt und trägt den Namen »Cantillon-Effekt«.

Bei der Entstehung neuen Geldes begünstigt werden diejenigen Marktteilnehmer, die nahe an der Quelle der Geldentstehung sitzen. Das sind die Banken und vor allem auch Marktteilnehmer, die leicht an große Kreditsummen herankommen. Vor allem für den Staat ist es einfach, sich zu verschulden, entweder in Form direkter Kredite oder durch die Emission von Staatsanleihen, was ja nichts anderes ist als ein Kredit. Der Staat muss dabei nicht einmal Sicherheiten stellen. Geradezustehen für die Schulden hat am Ende sowieso der Bürger.

Auch große Unternehmen, die über eine starke Marktstellung verfügen, sich Lobbyisten leisten können und um deren Gunst die Banken buhlen, haben hervorragende Karten, schnell und günstig an Kredite zu kommen. Die Nähe zum Geld versetzt große Unternehmen zudem leichter in die Lage, sich mittels Krediten kleinere Mitbewerber einverleiben zu können. Oder sie kaufen, wie in den vergangenen Jahren vermehrt geschehen, per Kredit eigene Aktien zurück, treiben dadurch den eigenen Aktienkurs nach oben und schlucken per Aktientausch noch mehr unliebsame Konkurrenten. Möglicherweise hätte ein Unternehmen wie Amazon – bei aller Innovation und Kundenorientierung – in einem nichtstaatlichen Geldsystem *niemals* in so kurzer Zeit die marktbeherrschende Stellung erreichen können, die es heute innehat.

Für Privatleute gilt im Übrigen ebenso, dass diejenigen, die bereits vermögend sind, leichter an Kredite kommen, weil sie der Bank bessere oder mehr Sicherheiten anbieten können als weniger Vermögende.

Als würde man Honig ausgießen

Man muss sich vorstellen – dieses Bild gebrauchte einmal der bereits zitierte Ökonom Friedrich A. von Hayek –, dass sich das neue Geld im Moment der Entstehung ausbreitet, als würde man ein Glas Honig ausschütten. Ins Zentrum fließt das Geld in Strömen, nach außen hin fließt immer weniger, und ab einem bestimmten Abstand zum Zentrum kommt nichts mehr an.

Entscheidend ist es also, ob man sehr nahe oder eher weiter entfernt ist vom Ort der Geldentstehung. Sehr nahe dran sind die Banken, der Staat, Großunternehmen, Vermögende. Sehr weit weg vom Ort der Geldentstehung sitzen die Empfänger regelmäßiger, nominaler Zahlungen wie Gehaltsempfänger und Rentner. Sie bekommen vom neuen Geld vergleichsweise wenig oder gar nichts ab. Vor allen Dingen aber dauert es, bis das neue Geld bei ihnen ankommt. Wie gesagt, *wenn* etwas bei ihnen ankommt.

Je weiter sich das Geld seinen Weg durch die Volkswirtschaft bahnt, umso höher lässt es die Preise für Güter und Dienstleistungen im Zeitverlauf ansteigen. Die frühen Geldempfänger tätigen ihre Käufe früh – gleich ob einfache Konsumgüter, Investitionsgüter, Aktien oder Immobilien. Die späteren Empfänger, Arbeitnehmer oder Rentner beispielsweise, können erst kaufen, wenn die Preise bereits angestiegen sind. Die Erstempfänger besitzen am Ende dieses Vorganges also ein größeres Stück vom volkswirtschaftlichen Kuchen als zuvor.

Traurige Reallohnentwicklung

Erhellend in diesem Zusammenhang ist ein Blick auf die langfristige Entwicklung der Reallöhne in Deutschland, das heißt die Entwicklung der Bruttonominallöhne der Arbeitnehmer, bereinigt um den Anstieg bei den Verbraucherpreisen.

Möglicherweise bin ich ja ungeschickt im Recherchieren von Daten, aber eine lange Zeitreihe zu finden, wie sich in den zurückliegenden Jahrzehnten die Reallöhne in Deutschland entwickelt haben, erwies sich als schwieriges Unterfangen. Der naheliegendste Gedanke, einfach auf der Internetseite des Statistischen Bundesamtes nachzuschauen, war nicht zielführend.

Während der mir endlos erscheinenden Suche überkam mich mehrfach der Gedanke, ob es möglicherweise gewollt sein könnte, dass man die Daten nur mit viel Mühe findet – mit der Absicht und Hoffnung, die meisten würden irgendwann frustriert die Suche abbrechen.

Genauso ernüchternd wie die Suche nach den Daten war schließlich das Ergebnis, das – nach manuellem Zusammenbau verschiedener

Teilstatistiken – ergab, dass die Reallöhne in Deutschland seit dem Jahr 2000 bis Ende 2017 nur um knapp 10 Prozent gestiegen sind.

Für verschiedene Zeiträume zuvor sieht es noch düsterer aus. Auf der Internetseite der Bundeszentrale für politische Bildung liest man in einem Artikel vom September 2013:

> Zwischen 1991 und 2012 stieg der [Reallohn]Index – abseits der Schwankungen im Zeitverlauf – von 98,6 auf 101,7. Das entspricht einem Plus von lediglich 3,1 Prozent. Wird der Zeitraum 1992 bis 2012 betrachtet, sank der Index sogar um 1,6 Prozent. Auf die Stagnation des Index in den Jahren 1999 bis 2003 (jeweils 102,1) folgte ein Rückgang auf 98,2 bis zum Jahr 2007.

Diese Zahlen lassen darauf schließen, dass die Arbeitnehmer keine ausreichende Kompensation für den schleichenden Kaufkraftverlust ihrer Löhne erhalten. Die Gründe hierfür gehen natürlich über das Phänomen des Cantillon-Effektes hinaus. Weitere, die Lohnentwicklung beeinflussende Faktoren, wie beispielsweise ein fehlendes, politisch wohldurchdachtes Zuwanderungsgesetz statt unkontrollierter Zuwanderung und Personenfreizügigkeit sind andere Themenbereiche und werden daher hier nicht weiter erörtert, spielen bei der Reallohnentwicklung aber eine wichtige Rolle.

Umverteilung findet immer statt

Das Perfide ist, dass die Umverteilung von Kaufkraft durch Inflation nicht nur in einem Umfeld stattfindet, in dem das allgemeine Preisniveau ansteigt, sondern auch bei einem stabilen Preisniveau. Denn die Preise bleiben ja nur stabil, weil die Geldmengen ausgeweitet werden. Und selbst wenn das Preisniveau *trotz* Geldmengenausweitung absinken würde, käme es zum beschriebenen Umverteilungseffekt. Es kommt also bei der Ausweitung der Geldmenge *immer* zur Umverteilung von Kaufkraft und Vermögen.

In meinen Augen ist das schockierend. Die Notenbank gibt als oberstes Ziel »Preisstabilität« aus und dennoch werden die einen reicher und die anderen ärmer. Merken Sie, wie *unsozial* dieses Geldsystem ist, jedenfalls für diejenigen, die am Ende der Kette stehen? Ich denke, allerspätestens jetzt wird der Vergleich mit einem trojanischen Pferd klar.

Entwicklung der Vermögenspreise tut ihr Übriges

Doch damit nicht genug. Wer in unserem Papiergeldsystem vermögend ist, der hat von vornherein große Vorteile. Er kann es sich nämlich eher leisten, in Sachwerte zu investieren: Immobilien, Aktien, Edelmetalle. Diese Anlageklassen haben die Eigenschaft – auf lange Sicht und bei gewissen Schwankungen –, einer Entwertung zu trotzen und sogar im Wert zu steigen, ganz anders als Bargeld, Tagesgelder oder auch klassische Renten- und Lebensversicherungen, in die die breite Bevölkerung Unsummen investiert hat.

Wenn Herr A seine Altersvorsorge in Anleihen hält und Frau B investiert in Aktien, dann wird Frau B nach der Ausweitung der Geldmenge aller Voraussicht nach eine höhere Kaufkraft besitzen als Herr A. Er bekommt bei Fälligkeit seiner Anleihen den gleichen Betrag zurückgezahlt, den er investiert hat, kann sich aber aufgrund gestiegener Preise nun weniger Güter dafür kaufen als zu dem Zeitpunkt, als er die Anleihen kaufte. Wenn er Glück hat, dann konnte er mit dem Zinsertrag die Kaufkraftverluste halbwegs abfedern. In den letzten Jahren war das aber praktisch nicht mehr möglich. Die Aktien von Frau B bekamen dagegen sowohl einen Schub durch die teilweise inflationsinduzierten Gewinnsteigerungen der Aktiengesellschaften als auch zusätzlich durch die von den Notenbanken erzeugten Geldschwemmen.

Wer bereits vermögend ist, kann den Banken gute Sicherheiten anbieten und hat es entsprechend leicht, an neue Kredite zu kommen. Noch etwas Eigenkapital dazu und schon ist der erforderliche Betrag zusammen für den Kauf einer weiteren Immobilie, die man vermietet und deren Wert durch die Inflation ebenfalls immer weiter steigt.

Der Familienvater, dessen Einkommen zusammen mit dem Lohn seiner Ehefrau gerade so ausreicht, um über die Runden zu kommen, spart monatlich vielleicht seine vermögenswirksamen Leistungen in einen Aktienfonds. Damit hat es sich aber meist. Nachdem Aktien naturgemäß höhere Preisschwankungen aufweisen, muss jemand mit kleinem Vermögen bei der Aktienquote entsprechende Vorsicht walten lassen. Und auch mit einer betrieblichen Altersvorsorge kann ein Arbeitnehmer keinen Blumentopf gewinnen. Die nämlich ist staatlicherseits so geregelt, dass der Versicherer eine Garantie auf die eingezahlten Beiträge aussprechen muss, was bedeutet, dass ein Großteil der Sparbeiträge in Anleihen fließt. Je niedriger die Zinsen, umso niedriger ist der Anteil, der für Aktienfonds übrig bleibt. Man muss sich also nicht wundern, dass die Schere zwischen Arm und Reich in einem Umfeld stetiger Inflation immer weiter auseinandergeht.

Auch auf die Gefahr hin, dass ich mich wiederhole: Ich mache niemandem Vorwürfe, der die Inflation im Rahmen fairer Geschäfte und Geldanlagen für sich zu nutzen weiß. Darum geht es hier nicht.

Inflation spielt der Politik in die Hände

Doch die Inflation, die stetig an der Kaufkraft von Einkommen und Vermögen großer Bevölkerungsteile nagt, zerstört mit der einhergehenden Umverteilung und deren *unsozialen* Auswirkungen langfristig jeden Zusammenhalt in der Gesellschaft, entfacht Neid und macht es der Politik leicht, einzelne Gruppen in der Gesellschaft gegeneinander auszuspielen.

Mehr noch: Die entstehenden und sich mehr und mehr verschlimmernden Verwerfungen sind geradezu ein Schlaraffenland für Politiker aller Couleur, die es sich in diesem Umfeld bequem gemacht und sich ein Leben wie die Made im Speck eingerichtet haben.

Und auch denjenigen mache ich Vorwürfe, die es sich auf die Fahne geschrieben haben, sich für »soziale Gerechtigkeit« starkzumachen, wie auch immer man diesen Begriff definieren mag. Ich denke hier vor allem an die führenden Vertreter von Sozial- und Wohlfahrtsverbänden, an Verbraucherschützer und auch an führende Kirchenvertreter. Wenn sie alle nicht verstanden haben, welche Rolle das Geldsystem bei der Umverteilung von Kaufkraft innerhalb der Gesellschaft spielt, dann sollten sie sich schleunigst auf den Hosenboden setzen und ihre Hausaufgaben machen.

Leider werden wir nie herausfinden, wer sich aus Inkompetenz und Unwissenheit für immer mehr Umverteilung ausspricht oder wer sich der Problematiken der Inflation bewusst ist, sie aber aus Kalkül heraus nicht thematisiert, weil es sich als Umverteiler und als Fürsprecher der »sozial Benachteiligten« in diesem System ganz gut leben lässt. Bei der Mehrzahl tippe ich auf Letzteres.

Wenn Sie nun künftig Politiker von »sozialer Ungerechtigkeit« reden hören oder mit Freunden und Bekannten über die zunehmende Spaltung unserer Gesellschaft diskutieren, dann können Sie fortan eines der Grundübel benennen: das Papiergeldsystem.

Fazit

Wir erkennen einmal mehr, dass »*die Gewährleistung stabiler Preise*« eben nicht »*der beste Beitrag [ist], den die Zentralbanken zur Verbesserung des individuellen Wohls aller leisten können*«.

Geldmengenausweitung teilt die Gesellschaft in Gewinner und Verlierer, macht die einen reicher und die anderen ärmer. Sie entfacht Neid, Missgunst und zerstört langfristig den Zusammenhalt in der Gesellschaft.

KAPITEL 4

Vom Boom zum Bust

Lassen Sie sich zu Beginn dieses Kapitels von mir bitte in einen ganz normalen, privaten »Durchschnittshaushalt« entführen. Sie können natürlich auch gerne Ihren persönlichen Haushalt für das Gedankenexperiment heranziehen. Ob Single, ein Paar, unverheiratet oder verheiratet, mit oder ohne Kinder, spielt keine Rolle – es geht hier nämlich nur um die Einnahmen und Ausgaben des jeweiligen Haushaltes.

Jeder halbwegs verantwortliche Mensch wird seine Finanzen so planen, dass er dauerhaft nicht mehr Ausgaben als Einnahmen hat. Man braucht auch kein Rechengenie sein, um zu wissen: Wer ständig alles Geld ausgibt, das er verdient, der wird es nie zu etwas bringen.

Nach Möglichkeit werden die meisten Menschen versuchen, regelmäßig etwas Geld auf die Seite zu legen. Zum einen fürs Alter und zum anderen für Anschaffungen wie ein neues Auto oder auch um den Grundstock für den Kauf einer Immobilie anzusparen. Es ist auch kein Weltuntergang, leider aber fast zum Normalfall geworden, beispielsweise ein Auto auf Kredit zu kaufen. Außerdem spielt einem das Leben manchmal unschön mit und man steht plötzlich und unerwartet vor Ausgaben, die sich aus dem Ersparten allein nicht stemmen lassen.

Wichtig ist einfach, dass man seine Finanzen stets im Griff hat und vor allem dass man stets liquide ist. Und natürlich, keine Frage – es gab und wird immer Leute geben, die dauerhaft über ihre Verhältnisse leben, aber die landen, sofern sie nicht reich heiraten oder eine Erbschaft machen, eben irgendwann in der Insolvenz.

Am Sparen führt kein Weg vorbei

Lange Rede, kurzer Sinn: Der gesunde Menschenverstand sagt uns, dass wir es nur über das Sparen – was nichts anderes bedeutet als Konsumverzicht – zu etwas bringen werden. Verfügen wir dann nach einer gewissen Zeitspanne über ein bestimmtes Sparvermögen, können wir eine Investition vornehmen oder eine Anschaffung tätigen.

Wenn wir unser Erspartes nicht für eigene Investitionen oder Ausgaben benötigen, können wir es stattdessen beispielsweise einem Unternehmer zur Verfügung stellen, der eine aussichtsreiche Investition tätigen möchte, aber nicht über ausreichend Eigenkapital verfügt. Wir haben dann quasi für ihn den Sparprozess übernommen. Für ein solches Darlehen können wir natürlich Zinsen verlangen. Die Bank, die hier üblicherweise als Kreditvermittler auftritt, denken wir uns der Einfachheit halber einmal weg.

Der schottische Ökonom und Philosoph Adam Smith (1723–1790) schrieb:

> Was vernünftig ist, wenn es um die Führung einer Familie geht, kann kaum unsinnig sein, wenn es um die eines großen Königreichs geht.

Das heißt im Klartext: Was für den Einzelnen gilt, gilt hochgerechnet genauso für die Gesellschaft im Ganzen, denn die Gesellschaft ist nichts anderes als die Summe der Individuen. Sparen und damit

Konsumverzicht üben, das ist der unumgängliche Weg, der beschritten werden *muss*, wenn eine Gesellschaft dauerhaft und nachhaltig wohlhabender werden möchte.

Bei Geldpolitikern, Mainstreamökonomen und Regierungsvertretern werden wir mit dieser Feststellung bei aller Logik dennoch auf Widerspruch treffen. Deren Sichtweise nämlich ist es, dass eine Volkswirtschaft, damit sie wachsen kann, auch eine wachsende Menge an Geld benötigt. Wir haben dagegen bereits im Kapitel »Politik der Preisstabilität« festgestellt, dass dies nicht der Fall ist. Häufig wird jedoch das Argument vorgebracht, die schwache Nachfrage müsse stimuliert und das Wirtschaftswachstum angekurbelt werden. Und womit soll das erreicht werden? Natürlich mit einem Absenken der Zinsen und der Erhöhung der Nachfrage – »Sparen« wird hier sogar als kontraproduktiv angesehen.

Wenn die »Nachfrage« der Konsumenten schwach ist, dann hat das jedoch im Allgemeinen seinen Grund. Die Menschen sind schließlich nicht so naiv, wie man in Regierungszentralen denkt, und sie werden sicher Gründe haben, wenn sie sich mit ihren Ausgaben zurückhalten. Auf diesen Gedanken will man im politischen Lager nicht kommen. Würde man das allgemeine Preisniveau nicht – wie vorhin beschrieben – über Geldmengenausweitung manipulieren, sondern bei schwacher Nachfrage absinken lassen, würde sich ab einem bestimmten Punkt die Nachfrage von ganz alleine wieder einstellen. Solches Denken ist Politikern aber wohl allein deshalb fremd, weil sie dann ja nicht politisch tätig werden könnten.

Reich durch Gelddrucken

Doch zurück zum »Sparen«. Etwas so Antiquiertes scheint es in einer modernen Wirtschaft wie heute nicht mehr zu brauchen. Wohlhabend werden, das geht völlig ohne Anstrengung, mit einem Absenken der Zinsen und der Ausweitung der Geldmenge, also mit Gelddrucken. Drucken wir uns reich!

Schauen wir uns nun Schritt für Schritt an, wie die Ausweitung der Geldmenge in der Volkswirtschaft wirkt beziehungsweise was sie bewirkt. Bitte behalten Sie während der nächsten Zeilen stets im Gedächtnis, was wir eben festgestellt haben und wobei unser Verstand sofort »ja, logisch« sagt: Dem Entstehen von Wohlstand *muss* Konsumverzicht vorausgehen, im einzelnen Haushalt wie auf der Ebene einer Volkswirtschaft.

Kommt die Notenbank zu dem Schluss, dass die Verbraucher wieder mehr Geld ausgeben oder die Unternehmen wieder mehr investieren müssten, dann werden die Leitzinsen gesenkt. So wird das natürlich nicht kommuniziert. Offiziell sieht die Notenbank dann Handlungsbedarf, wenn sich die Teuerungsrate vom angestrebten Ziel von 2 Prozent nach unten wegbewegt. Die Absenkung des Zinses stimuliert dann in aller Regel die Kreditnachfrage.

Vom Boom ...

Vor allem in Unternehmen ist es erforderlich, geplante Investitionen zu kalkulieren, ob diese sich überhaupt rentieren und ob die zu erwartende Rendite relativ zum einzugehenden Risiko den Vorstellungen des Unternehmers entspricht. Schließlich will dieser verständlicherweise eine zufriedenstellende Verzinsung auf sein ins Unternehmen investierte Kapital.

Eine geplante Investition, die *vor* einer Zinssenkung durch die Notenbank noch nicht rentabel (genug) war, wird es *nach* einer Zinssenkung möglicherweise sein. Zusätzlich geht ein Unternehmer von einer durch die Zinssenkung ausgelösten allgemeinen Stimulierung der Wirtschaft aus. Die Entscheider in anderen Unternehmen verhalten sich nämlich ähnlich und die Zinssenkung wird dort ebenfalls den Ausschlag für neue Investitionen geben. So weit mag das ja alles noch vielversprechend klingen, denn wer könnte etwas gegen Investitionen haben?

Dem Unternehmer ist es in diesem Moment übrigens völlig gleichgültig, ob sein Kredit aus dem Nichts entstanden ist. Mehr noch: Er hat ja gar keine Möglichkeit zu erkennen, ob sein Kredit aus Ersparnissen anderer stammt oder durch eine raffinierte Buchung seiner Bank herbeigezaubert wurde. Der Reiz für die Banken bei diesem Vorgang liegt auf der Hand. Wer würde nicht gerne Geld zum Nulltarif herstellen und es gegen einen Zins verleihen?

Das per Kredit neu in Umlauf gebrachte Geld führt also in aller Regel erwartungsgemäß zu steigenden Investitionen. Jedoch: Es werden Projekte angestoßen, die *ohne* ein Absenken des Zinses *nicht* rentabel gewesen und somit *nicht* begonnen worden wären. Die Wirtschaftstätigkeit wird angekurbelt, es kommt zum Aufschwung. Anmerkung am Rande: Jetzt hört man immer häufiger Politiker in Interviews oder Talkshows betonen, die gute Wirtschaftspolitik der Regierung sei für den Aufschwung verantwortlich – und die Damen und Herren versinken sprichwörtlich im Eigenlob.

Doch die neue in Umlauf gebrachte Geldmenge zeigt ihre Wirkung auch bei den Güterpreisen. Zwar sind durch die Investitionen der Unternehmer noch keine neuen Konsumgüter entstanden, denn bis Produktionsanlagen errichtet sind, braucht es Zeit. Aber die Löhne der neu eingestellten Arbeitnehmer und die Einnahmen der Lieferanten der Vorprodukte lassen bereits die Preise im Konsumgütersektor ansteigen. Und auch auf die Rohstoffpreise haben die begonnenen Investitionen Auswirkungen, sie steigen ebenfalls an.

… in den Bust

Nun kommt der Moment, in dem die Notenbank ihrem Mandat gerecht werden und aufgrund des Anstieges bei den Verbraucherpreisen die Zinsen anheben muss. Das bringt diejenigen Unternehmer, die ihre Kalkulationen auf Basis der niedrigen Zinsen gemacht haben, in Schwierigkeiten. Viele Projekte rentieren sich nämlich plötzlich nicht mehr. Andere, gerade erst begonnene Projekte können womöglich gar nicht fertiggestellt werden.

Es stellt sich heraus, dass die Ressourcen der Volkswirtschaft nicht ausreichen, um den Aufschwung am Leben zu erhalten. Es wurde einfach nicht genug gespart oder es wurde gar nicht gespart. Der Aufschwung war ein Scheinaufschwung. Viele Kredite können nun nicht mehr bedient werden und beginnen, notleidend zu werden. Das bringt vermehrt auch die Banken in die Bredouille. Sie müssen am Ende gestützt oder gar gerettet werden. Erinnern Sie sich an das Jahr 2008.

Am Ende eines solchen Boom-Bust-Zyklus muss festgehalten werden, dass der künstliche Aufschwung die Volkswirtschaft – ich hatte es im Kapitel zuvor bereits angedeutet – relativ ärmer gemacht hat. Durch die Manipulation des wichtigsten Signalgebers für die Marktteilnehmer, des Zinses, wurden die Unternehmer mit ihren Investitionen in die Irre geführt. Die Ressourcen der Volkswirtschaft wurden *nicht* den effizientesten Verwendungen zugeführt. Und viele der volkswirtschaftlichen Ressourcen wurden gar in Projekten, die nicht zu Ende geführt werden können oder wegen im Grunde nicht existenter Nachfrage in der Pleite gelandet sind, verschwendet.

Schlimm vor allem auch: Die für alle erkennbaren negativen Auswirkungen des wirtschaftlichen Abschwunges werden natürlich nie der künstlichen Absenkung des Zinses und der Kreditausweitung angelastet. Im Gegenteil – »die Märkte« seien schuld, so tönt es aus allen

Ecken und Enden. Dass es in einer wirklich freien Marktwirtschaft kein staatliches, beliebig vermehrbares Geld gäbe und die Geldschöpfung aus dem Nichts die Ursache ist, wird nicht thematisiert.

Stattdessen ist zu hören: »Die Märkte müssen in die Schranken verwiesen werden.« Mit Ausbruch der Finanzkrise 2008 hieß es auch, das Primat der Politik müsse zurückgewonnen werden. Die regelmäßig mit Krisen einsetzende Regulierungswut von Politikern lässt mitunter sogar den Eindruck entstehen, sie würden auf wirtschaftliche Abschwünge geradezu warten, um neue Gesetze und Verordnungen auf den Weg zu bringen.

So nehmen mit jeder Krise die staatlichen Regulierungen zu und die Freiheiten der Bürger ab. Und wie reagieren die? Weil man ihnen seit Jahrzehnten die falschen ökonomischen Theorien serviert, klatschen sie sogar noch Beifall.

Nach der Krise ist vor der Krise

Währenddessen wird dem Abflauen der wirtschaftlichen Produktivität mit neuen Zinssenkungen entgegengewirkt und *noch* mehr Geld aus dem Nichts geschaffen. *Wieder* wird ein (Schein-)Aufschwung angestoßen.

Dass der oben bereits erwähnte Ökonom Friedrich A. von Hayek für diese hier beschriebene Theorie, die »monetäre Konjunkturtheorie« der Österreichischen Schule der Nationalökonomie genannt wird, im Jahr 1974 den Wirtschaftsnobelpreis erhalten hat, schert heutige Ökonomen und Politiker wenig.

Hayek hatte die Theorie seines Lehrers, des herausragenden Ökonomen, Erkenntnistheoretikers und Gesellschaftsphilosophen Ludwig von Mises (1881–1973), weiterentwickelt und in seinen Untersuchungen klar dargelegt, dass ein durch Ausweitung der Geldmenge erzeugter Boom letztlich in sich zusammenbrechen *muss*.

Mises selbst schrieb bereits im Jahr 1940 in seinem Werk *Nationalökonomie. Theorie des Handelns und Wirtschaftens:*

> *Doch endlos hätte man den Aufschwung der Konjunktur durch Festhalten an der Kreditausweitung nicht verlängern können. Früher oder später muß es zum Zusammenbruch des durch die Kreditausweitung ausgelösten Aufschwungs kommen, und der Anpassungsprozeß, den man Niedergang der Konjunktur nennt, wird um so schmerzlicher sein und um so mehr Zeit beanspruchen, je länger die Kreditausweitung fortgesetzt worden war und je größer der Umfang der durch sie bewirkten Kapitalfehlleitung gewesen ist.*

Zyklus für Zyklus werden die Einbrüche schlimmer und die Anstrengungen, die Kuh vom Eis zu bringen und der am Ende doch unausweichlichen Korrektur aus dem Weg zu gehen, werden von Mal zu Mal größer. Zum Zeitpunkt, als dieses Buch geschrieben wurde, sind die Zinsen in Europa noch immer bei nahe null und die Europäische Zentralbank hat Billionen von Euros aus dem Nichts erzeugt, um mittels Wertpapierkäufen auch die Zinsen für Staats- und Unternehmensanleihen abzusenken. Ohne diese Maßnahmen könnten sich die Regierungen vor allem in Südeuropa schon lange nicht mehr finanzieren. Doch der Kaiser ist schon lange nackt. Nur ein dünnes Mäntelchen aus gedrucktem Geld umhüllt ihn noch. Die nächste oder übernächste Finanzkrise wird es ihm wegpusten.

Wenn die Munition ausgeht

Was mit Ausbruch der Staatsschuldenkrise in Griechenland zu beobachten war, ist das, was Europa und der ganzen Welt blühen wird, wenn Politikern und Notenbankern die Munition ausgeht. Pleiten, Arbeitslosigkeit und die Zerstörung des hart erarbeiteten Wohlstandes werden die unausweichlichen Folgen sein. Das Geschehen in Griechenland gleicht einem »In-vitro-Experiment«, das wir uns von außerhalb des Landes wie eine Preview vorab schon mal anschauen konnten.

Möglicherweise haben die Spezialisten in den Notenbanken noch den einen oder anderen Pfeil im Köcher, doch die Pfeile werden weniger. Das Kunststück, mit neuen Schulden ein Problem zu lösen, das aufgrund zu vieler Schulden überhaupt erst entstanden ist, wird ihnen nicht gelingen. Eine solche Logik kann sich auch nicht erschließen. Sonst könnte man einen Alkoholiker auch mit der Gabe von noch mehr Alkohol von seiner Sucht befreien. Dass solch eine Medikation Irrsinn wäre, darüber besteht wohl allgemeiner Konsens.

Überhaupt kann man sich nur wundern, dass die zahllosen Ökonomen allein in Deutschland nie eine gründlichere Ursachenforschung betreiben und sich mit der ständigen Wiederkehr von Krisen mehr oder weniger abfinden, sie jedenfalls primär nicht mit der Geldmengenausweitung in Verbindung bringen. Natürlich betreiben sie Forschung über Forschung und beraten die Regierungen, wie man die Wirtschaft besser unterstützen könnte. Aber letztlich akzeptieren sie unisono, dass scheinbar beinahe alle Marktteilnehmer zeitgleich wirtschaftliche Fehlentscheidungen treffen und in der Folge die Konjunktur abstürzt – wie eine Tierherde, die stets gemeinsam in eine Richtung rennt.

Diese Annahme erscheint bei genauerer Betrachtung ziemlich abwegig, zeichnen sich vor allem Unternehmer doch gerade dadurch aus, dass sie ein Gespür haben für den Markt, dass sie in der Lage sind, künftige Entwicklungen und Trends zu antizipieren. Sonst wären sie keine Unternehmer geworden oder schon längst vom Markt verschwunden, der »kreativen Zerstörung« zum Opfer gefallen, um es mit den Worten des Ökonomen Joseph Schumpeter (1883–1950) auszudrücken.

Wenn man dennoch nicht tiefer zur eigentlichen Ursache immer wiederkehrender Krisen vordringt, nämlich der Geldmengenausweitung aus dem Nichts, dann zeugt das – wie wir es eben bereits zum Thema »Arm und Reich« festgestellt haben – entweder ebenfalls von Inkompetenz oder ist wiederum ein Beleg dafür, dass man selbst einem Wirtschaftssystem dient, in dem man es sich durch das Verbreiten falscher volkswirtschaftlicher Theorien wider besseren Wissens zum eigenen Vorteil auf Kosten anderer bequem gemacht hat.

Die Zeche zahlen die Bürger

Die künstlich erzeugten Booms und die ihnen zwangsläufig folgenden Busts, die man mit noch mehr billigem Geld und noch tieferen Zinsen immer wieder in Aufschwünge umzukehren sucht, werden das Vertrauen in das monopolistische Staatsgeld schwinden und am Ende verschwinden lassen. Auf dem Weg dorthin werden die Volkswirtschaften mit immer zahlreicheren, staatlichen Regularien gegängelt und eingeschnürt werden, wird die Krankheit mit denselben Mitteln bekämpft, die sie überhaupt erst hat entstehen lassen.

Die Bürger werden schließlich, wie so oft in der Geschichte, mit leeren Händen dastehen. Einmal mehr wird sich der Satz des französischen Philosophen Voltaire (1694–1778) bewahrheiten: »*Papiergeld kehrt irgendwann zu seinem inneren Wert zurück – null.*«

Der eben bereits zitierte Ludwig von Mises, der in seiner Habilitationsschrift *Theorie des Geldes und der Umlaufsmittel* (1912) den verhängnisvollen Zyklus von Aufschwung und Zusammenbruch erstmals darlegte, hatte ebenfalls eine klare Vorstellung davon, was passiert, wenn die Notenbanken und Regierung mit der Politik des »immer weiter so« fortfahren:

> *Es gibt keine Möglichkeit, den finalen Zusammenbruch eines Booms zu verhindern, der durch Kreditexpansion erzeugt wurde. Die einzige Alternative lautet: Entweder die Krise entsteht früher durch die freiwillige Beendigung einer Kreditexpansion – oder sie entsteht später als finale und totale Katastrophe für das betreffende Währungssystem.*

Fazit

Alles deutet daraufhin, dass der Ausbruch der Finanzkrise im Jahr 2007 womöglich die letzte Möglichkeit war, die Kreditexpansion »freiwillig zu beenden«. Wie sich die Verschuldung von Staaten, Unternehmen und privaten Haushalten seitdem entwickelt hat, werden wir uns später noch genauer anschauen.

Wenn unser jetziges Währungssystem zu seinem Ende kommt, sollte der Boden bereitet sein für ein neues, gutes Geldsystem, in dem die Staaten keine Macht mehr über das Geld haben.

KAPITEL 5

Krankes Geld ist ansteckend

Ich kann mir gut vorstellen, dass auch Sie mit Blick auf die in der heutigen Zeit vielfach beobachtbaren gesellschaftlichen Phänomene sich schon mehr als einmal dachten: »Was für eine verrückte Welt!« Oder denken Sie daran, wenn sich Jüngere mit Älteren unterhalten, Enkel und Großeltern beispielsweise, und die Alten erzählen, früher sei irgendwie alles »besser« oder »schöner« gewesen. Bestimmt meinen sie damit nicht die Annehmlichkeiten, die wir alle heute dank des technischen Fortschritts genießen können. Auch die »ganz Alten« in unserer Gesellschaft sind wohl ausgesprochen glücklich darüber, dass ein nächtlicher Toilettengang bei minus zehn Grad nicht mehr wie in ihrer Kindheit über den Hof in ein kleines Holzhäuschen führt. Welche Phänomene meine ich also und was sind das für Dinge, die nicht nur viele »Alte« nicht mehr verstehen?

Ganz sicher sind viele Menschen heute oberflächlicher als frühere Generationen und auch Traditionen scheinen heute weniger wichtig als noch vor wenigen Jahrzehnten. Wir sind konsumorientierter geworden und möglicherweise trifft es sogar zu, dass unsere Gesellschaft in gewisser Hinsicht eine Wegwerfgesellschaft geworden ist. Doch woran liegt das? Sie ahnen natürlich schon, dass ich einen Bezug zu unserem Geldsystem herstellen werde. Und ich schreibe ganz bewusst *herstellen werde* und nicht, ich *würde* oder *möchte* versuchen, diesen Bezug herzustellen.

Wer die bürgerliche Gesellschaft zerstören will, muss ihr Geldwesen zerstören.

Dieser erschreckende Ausspruch wird keinem anderen zugeschrieben als Wladimir Iljitsch Lenin (1870–1924), Chefstratege der russischen Oktoberrevolution 1917 und Gründer der Sowjetunion. Lenin wusste wohl, dass Geld, inflationär und zu hoch dosiert, eine zerstörerische Kraft auf die Gesellschaft entfaltet. Bitte erinnern Sie sich an das einleitende Kapitel. Ich habe darauf hingewiesen, dass – wenn das Geld krank ist – es sehr wahrscheinlich ist, dass sich auch die Gesellschaft infiziert. Tragisch daran ist, dass der Zusammenhang für kaum jemanden ersichtlich ist, genau wie nur Fachärzte wissen, dass eine chronisch verstopfte Nase oftmals mit einem Schaden an der Halswirbelsäule zu tun hat.

Chronisch krank

Wer sich infiziert, wird krank, und wir wollen uns in diesem Kapitel weniger mit den ökonomischen Aspekten der Geldvermehrung beschäftigen als vielmehr mit der Erkrankung der menschlichen Kultur, mit dem, was unsere Eltern und Großeltern in die Worte »früher war alles besser« fassen. Und wieder ist es wichtig zurückzutreten, den Blick auf die Entwicklungen über viele Jahrzehnte schweifen zu lassen, um erkennen zu können, wie sich menschliches Verhalten im Verlauf der Zeit verändert hat. Dabei ist die Krankheit, die unsere Gesellschaft ereilt hat, mehr chronisch als akut. Das heißt, die Krankheit wird sich auch so schnell nicht heilen lassen. Und damit Heilung überhaupt möglich ist, muss die Erkrankung als solche überhaupt erst erkannt werden.

Um dem Zusammenhang zwischen Inflation und Veränderungen in der Gesellschaft verstehen zu können, lässt es sich nicht vermeiden, dass wir uns einen Moment lang mit etwas Theorie beschäftigen. Aber keine Angst, es wird trotzdem nicht langweilig. Versprochen.

Der Mensch handelt

Unser Leben wird im Wesentlichen durch unser Handeln bestimmt. Mit jeder Handlung streben wir danach, ein Bedürfnis zu befriedigen, unser irdisches Dasein angenehmer zu machen oder auch um Schaden von uns abzuwenden. Das ist sogar die Motivation für altruistisches, also selbstloses Handeln. Anderen zu helfen, stellt uns selbst zufrieden und wir fühlen uns besser, als wenn wir jemanden in einer Notsituation im Stich gelassen hätten. Generell spielt der Begriff »Subjektivismus« in unserem Handeln eine große Rolle. Ein Ziel, das für den einen erstrebenswert ist, muss es für jemand anderen noch lange nicht sein.

Für unser Handeln benötigen wir Mittel. Darunter fallen alle Dinge, die uns helfen und die wir einsetzen, um unsere Ziele zu erreichen. Eines dieser Mittel ist Zeit. Diesem Mittel wollen wir nun unsere Aufmerksamkeit zuwenden.

Ausnahmslos *alles* menschliche Handeln unterliegt dem Faktor »Zeit«. Und weil unsere Zeit auf Erden nun einmal begrenzt ist, sind wir bestrebt, unsere Ziele lieber heute als morgen und lieber morgen als übermorgen zu erreichen, kurz: je schneller, desto besser. Es sei denn, dass uns bei Erreichen eines unserer Ziele zu einem späteren Zeitpunkt ein *Mehr*ertrag erwartet, wir also für unser Warten belohnt werden. Dann sind wir Menschen in unterschiedlicher Ausprägung bereit, die uns zur Verfügung stehenden Mittel zu investieren, statt sie zu verkonsumieren, sind bereit, das Erreichen eines Zieles in

77

Erwartung eines Mehrertrages in die Zukunft zu verschieben. Aber nicht nur Zeit, auch Mittel stehen uns nur in eingeschränktem Umfang zur Verfügung. So besteht unser Leben aus einem immerwährenden Abwägen zwischen sofortigem Konsum oder dem Investieren angesparter Mittel. Wir leben nun mal nicht im Schlaraffenland.

Robinson und der Fischfang

Ein Beispiel kann das illustrieren: Stellen Sie sich Robinson Crusoe auf seiner einsamen Insel vor. Normalerweise schafft er es, mit seinen bloßen Händen vier Fische am Tag zu fangen. Davon wird er gut satt. Dafür muss er sich aber sehr anstrengen und watet von früh bis spät im Wasser herum, eine auf Dauer sehr stupide Tätigkeit.

Robinson überlegt also, wie er es schaffen könnte, etwas mehr Freizeit zu haben. Da kommt ihm die Idee, die nächsten Tage von seinen vier gefangenen Fischen nur drei zu verspeisen und jeweils einen Fisch zur Seite zu legen. Er würde dann zwar nicht ganz so satt wie sonst, aber drei Tage lang sollte das funktionieren. Am vierten Tag hätte er drei aufgesparte Fische zur Verfügung, bräuchte an diesem Tag nicht auf Fischfang zu gehen und könnte die Zeit nutzen, sich ein Netz zu knüpfen. Mit diesem Netz sollte es gelingen, an einem Tag acht Fische zu fangen. Das würde bedeuten, dass er – bei einem Verzehr von vier Fischen am Tag – fortan nur noch jeden zweiten Tag würde fischen müssen. Die Tage dazwischen könnte er faul in der Hängematte liegen oder die so gewonnene Zeit nutzen, um Holz zu sammeln, es zu bearbeiten und eine Hütte oder ein Boot zu bauen. Mit dem Boot könnte er weiter aufs Meer hinausfahren, wo es mehr Fische gibt als direkt am Ufer. Er könnte seinen Ertrag so noch weiter steigern.

Was hat Robinson gemacht? Genau, er hat (Fische) gespart, auf Konsum verzichtet, Zeit und Mittel eingesetzt und dadurch am Ende einen Mehrertrag erzielt. Der Erfolg lässt ihn möglicherweise nun darüber nachsinnen, was er noch erreichen könnte. Je mehr Vorräte er sich anlegen könnte, so denkt sich Robinson, umso größer und zeitintensiver könnten seine künftigen Vorhaben sein.

Von hoher und niedriger Zeitpräferenz

Ist jemand im Allgemeinen bereit, eher länger auf die Erreichung eines Zieles zu warten, um dafür aber als Belohnung einen höheren Ertrag zu erzielen, spricht man davon, dass dieser Jemand eine eher niedrige Zeitpräferenz hat. Der Zeitfaktor spielt für ihn eine weniger bedeutende Rolle als ein möglicher Mehrertrag in der Zukunft. Die Zeitpräferenz von Robinson ist also abgesunken im Vergleich zu dem Zeitpunkt, als er die Fische noch per Hand fing. Wäre Robinson nicht allein auf der Insel, sondern hätte einen Mitbewohner, wir nennen ihn Freitag, würde der es Robinson sicher gleichtun. Auch wenn Freitag selbst nicht so erfindungsreich wäre wie Robinson, könnte er dessen Erfolg doch nachahmen und davon profitieren. Auch seine Zeitpräferenz würde sinken.

Will jemand dagegen ständig und am liebsten sofort konsumieren, also *nicht* auf Konsum verzichten und *nicht* sparen, dann hat diese Person eine relativ hohe Zeitpräferenz. Für Robinson würde das bedeuten, dass er keine Lust hat, Fische aufzusparen, sondern stets sofort so viele wie möglich konsumieren möchte.

Die Zeitpräferenz eines Menschen verändert sich im Laufe seines Lebens. So möchte ein kleines Kind am liebsten sofort konsumieren, es hat noch keine Vorstellung von Zeit. Eltern mit Kleinkindern an der Supermarktkasse oder im Spielwarenladen können ein Lied davon singen. Das kindliche Verlangen nach einem Schokoriegel mit dem Hinweis »das nächste Mal« oder nach einem Spielzeugauto mit den

Worten »das kannst du dir ja mit deinem Taschengeld zusammen-
sparen und in acht Wochen kaufen« zu stillen, ist ein Ding der Un-
möglichkeit.

Mit zunehmendem Verständnis dafür, dass man sich nicht jeden
Wunsch auf der Stelle erfüllen kann und dies auch nicht tun sollte,
also der Einsicht, dass sich das Warten lohnt, wird die Zeitpräferenz
im Laufe des Erwachsenwerdens geringer. Vorsorge und weitsichtige
Planung, um für die Familie sorgen, sich vielleicht eine Immobilie
anschaffen zu können und um Rücklagen für die Zukunft zu bilden,
treten nun in den Vordergrund, um dann – gegen Ende des irdischen
Daseins – vom Ersparten den Lebensabend zu finanzieren.

Natürlich verändert sich die Zeitpräferenz nicht bei jedem Heran-
wachsenden in gleicher Weise, sondern wird wesentlich geprägt vom
familiären Umfeld. Eltern, die ihr gesamtes Einkommen verkonsumieren, sind verständlicherweise kein gutes Beispiel für ihren Nachwuchs.

Stehen die jungen Menschen irgendwann auf eigenen Beinen, bedeutet dies natürlich nicht, dass es fortan keine ihr Verhalten beein-
flussenden Faktoren mehr gäbe. Freunde, Bekannte oder Arbeitskollegen, also das persönliche Umfeld, auch die Einflüsse von Medien
spielen eine Rolle, je nachdem, wie beeinflussbar ein Mensch ist.

Wie gut oder schlecht der Staat das Eigentum seiner Bürger schützt,
wirkt sich ebenfalls wesentlich auf die Zeitpräferenz des Einzelnen
aus. Sehen die Menschen ihr Eigentum bedroht, neigen sie dazu, es
möglichst schnell zu verkonsumieren, bevor es ihnen weggenommen oder wegbesteuert wird. Auf diesen Punkt kommen wir gleich
noch einmal zurück.

Natürlicher Zins

Aus dem Zusammenspiel der Zeitpräferenzraten aller Menschen könnte man den »natürlichen Zins« ablesen. Er würde quasi die Zeitpräferenz der Gesellschaft im Ganzen widerspiegeln. Mithilfe des natürlichen Zinses könnte man sich ein Bild davon machen, ob eine Gesellschaft eher gegenwarts- oder mehr zukunftsorientiert ist, also eher konsumiert oder lieber spart.

Häufig verwenden Notenbanken in ihren Statements zu Zinsentscheidungen die Formulierung, man nähere sich nun dem natürlichen Zins an. Ich denke, Sie stimmen mir sicher zu, dass eine Beurteilung oder Einschätzung, wo der natürliche Zins liegen könnte, völlig unmöglich ist. Wir könnten ihn nur erfahren, würde man den Zinsmärkten völlig freien Lauf lassen, also absolut jede Zinsmanipulation unterbinden. In der Praxis würde das übrigens bedeuten, die Notenbanken abzuschaffen.

Wir können festhalten, dass Konsumverzicht respektive Sparen es ermöglicht, zeitintensive Produktionsprozesse auf den Weg zu bringen, um später über Mehrerträge, also über ein *Mehr* an Konsumgütern verfügen zu können. Zusammen mit dem Lern- und Nachahmungseffekt solcher Handlungen sinkt die Zeitpräferenz in einer Gesellschaft mehr und mehr ab. Auch eine zunehmende Arbeitsteilung in einer Volkswirtschaft spielt hier eine bedeutende Rolle, denn von ihr profitieren alle daran Beteiligten und das wirkt ebenfalls senkend auf die Zeitpräferenz. Die Gesellschaft wird zunehmend zivilisierter, ist mehr und mehr langfristig orientiert. Der Kapitalstock einer Gesellschaft wächst. Die Produktionsprozesse können immer weiter verlängert, können immer aufwendiger werden und der Güterausstoß kann immer weiter gesteigert werden.

Verführerische Inflation

Nun kommt die Inflation ins Spiel. Ständig zur Verfügung stehende, aus dem Nichts entstehende Kredite suggerieren den Menschen, jemand hätte vor ihnen auf Konsum verzichtet und das Geld angespart, das ihnen nun in Kreditform zur Verfügung gestellt wird. Der eine oder andere mag jetzt auf den Gedanken kommen: »Das ist doch super, dann kann man Investitionen vornehmen, für die man sonst sparen müsste, und am Ende sind wir reicher, ohne dass wir unseren Konsum einschränken mussten.«

Wirklich? Kann es sein, dass wir *ohne* Sparen reich werden, dass wir uns reich drucken? Wieso lassen wir dann die Notenbank nicht, am besten heute noch, Unsummen an Geld drucken und werfen es aus Helikoptern über Dörfern und Städten ab? Sie werden sich zurecht fragen, was das bringen könnte.

Worauf ich hinauswill? Ganz einfach: Das immer, zu jeder Zeit verfügbare und immer billiger werdende Kreditgeld gewöhnt den Menschen das Sparen ab. Viele lassen sich dazu verleiten, sich dem anstrengenden Prozess des Sparens zu entziehen und sich die für Anschaffungen benötigten Mittel bequem auf dem Kreditweg zu besorgen. Die Anreize hierfür sind groß, und sich den Werbeslogans zu entziehen, die suggerieren, »doch nicht blöd« zu sein, fällt vielen Menschen schwer.

Wenn ich nun sage, dass nicht durch Ersparnisse gedeckte Kredite Investitionen ermöglichen, für die ansonsten erst gespart werden müsste, dann ist das mitnichten ein Gutheißen oder eine Befürwortung dieses Geldsystems. Denn wir wissen, dass das Wachstum der Wirtschaft auf Sand gebaut ist, das habe ich im Kapitel »Vom Boom zum Bust« bereits ausführlich erklärt.

Scheinbar wird aber durch das Papiergeldsystem das Einschlagen langer Produktionswege möglich, womit im Grunde ein Absinken der Zeitpräferenz einhergehen würde. Das tut sie aber nicht, denn wir sind nicht über Konsumverzicht und Sparen in diese Welt längerer Produktionswege gelangt.

Den Menschen wurde durch das staatliche Geldsystem stattdessen abgewöhnt, zu sparen respektive verzichten zu können; die Fähigkeit, sich zu mäßigen, wurde verlernt, wird heute oft nicht einmal mehr *er*lernt. Und was Hänschen nicht lernt, lernt Hans bekanntlich nimmermehr.

Nicht nur, dass stets verfügbare Kredite zu immer mehr Konsum drängen; die Menschen verlieren dabei den Blick für qualitativ hochwertige Produkte, schätzen es nicht mehr, einen Gebrauchsgegenstand zu hegen und zu pflegen. In immer kürzeren Intervallen landen Dinge auf dem Müll, werden durch Neues ersetzt, die Produktqualität tritt in den Hintergrund. Den meisten Unternehmen ist das recht. Sie liefern das, was der Konsument wünscht, bei Bedarf auch geringere Qualität. So lohnt es sich heute bei vielen Sachen in der Tat nicht mehr, sie zu reparieren. Für ältere Generationen war das unvorstellbar.

Auch der Blick in die Nachbargarage sorgt für Frust und Neid. Schon wieder steht ein neues Auto darin. Da will man nicht nachstehen. Diese Entwicklung mag für manchen etwas überzogen klingen und sicher trifft sie auch nicht für alle und jeden zu. Doch es gibt eine Tendenz zum Konsumismus, die niemand leugnen kann. Wir kommen im Verlauf des Buches noch mehrmals darauf zu sprechen.

Influencer »Staat«

Der mächtigste Influencer heutigen, gerade für ältere Generationen unverständlichen Verhaltens ist also der Staat mit seinem Geldmonopol. Ist die direkte Herrschaft über das Geld im Grunde schon schlimm genug, wird sie durch jeden weiteren staatlichen Eingriff noch weiter verstärkt, beispielsweise durch eine Steuererhöhung.

Durch eine Erhöhung der Steuer nämlich sinkt der Ertrag von Arbeit. Wenn der Ertrag der Arbeit – gleich ob jemand als Unternehmer oder Arbeitnehmer tätig ist – sinkt, kann weniger gespart werden. Der für die Volkswirtschaft so wichtige Kapitalstock kann also weniger stark wachsen, möglicherweise sinkt er sogar. Folge: Die künftige Güterproduktion *muss* niedriger ausfallen, als sie ohne die Steuererhöhung ausgefallen wäre.

Wie es nun einmal der Fall ist, hat die Medaille auch eine Kehrseite. Wenn nämlich der Grenzertrag der Arbeit sinkt, steigt im Gegenzug der Grenzertrag von Nichtarbeit, also von Freizeit. Das ist denknotwendig so. Will oder muss jemand sein Einkommen trotz Steuererhöhung auf gleichem Niveau halten, ist er natürlich gezwungen, zulasten seiner Freizeit künftig mehr Zeit in Arbeit zu investieren.

»Halt, halt!«, würde jetzt ein Politiker einwenden, »wir nehmen ja die Steuermehreinnahmen und verteilen sie um, an diejenigen, die weniger oder kein Einkommen haben. Die werden das Geld dann ausgeben und so profitiert die Wirtschaft letztlich wieder davon.«

Wenn das so einfach wäre. Die Anreize für die Empfänger dieser sogenannten Sozialleistungen sind keine anderen als die eines Unternehmers oder Arbeitnehmers. Künftig Freizeit zu haben oder zu konsumieren, wird für den Empfänger der Sozialleistungen nun noch billiger, er bekommt ja Geld geschenkt. Im Umkehrschluss wird der Grenzertrag aus Arbeit auch für ihn niedriger ausfallen als ohne Umverteilung.

Welchen Einfluss also hat eine Steuererhöhung auf die Zeitpräferenz einer Gesellschaft? Weniger Ersparnis und mehr Konsum bedeuten stets, dass künftige Produktionsprozesse weniger zeitintensiv sein können. Denken Sie an Robinson und sein Fischfangprojekt. Robinson hatte es vielleicht schon geschafft, ein Boot zu bauen. Nun aber hat sich sein Mitbewohner Freitag zum Inselkönig gekrönt und verlangt ab sofort eine Steuer von Robinson, also einen Anteil an dessen täglichem Fang. Für ihn sinkt nun der Ertrag, den er zuvor mit seinem Boot erwirtschaften konnte. Er kann weniger sparen als zuvor und es wird attraktiver für ihn, Freizeit zu haben. Er wird vielleicht sogar zurückgeworfen auf die Stufe, in der er seine Fische mit dem Netz fing. So wie seine Zeitpräferenz zuvor abgesunken ist, steigt sie nun wieder an.

Wenn Sparen überflüssig wird

Die Möglichkeit der nahezu unbegrenzten Verschuldung hat es dem Staat ermöglicht, einen jeden in Watte packenden Wohlfahrtsstaat zu installieren. Die Eigenverantwortung für das eigene Leben wird den Menschen mehr und mehr abgenommen. Die Erwartung, in jeder Notsituation staatlich aufgefangen zu werden, macht Sparen scheinbar überflüssig. Die Bereitschaft, Verantwortung für das eigene Leben und das der Familienangehörigen zu übernehmen, wird sukzessive unterminiert.

So wird aus staatlicher Alimentation gar schnell ein Anspruchsdenken, ganz nach dem Motto: »Das steht mir zu!« Bescheidenheit und Zurückhaltung treten in den Hintergrund, während auf der anderen Seite der Medaille der unter einer immer höheren Abgabenlast Leidende seine natürliche Hilfsbereitschaft Stück für Stück verliert. Egoismus macht sich breit: »Soll sich der Staat doch um die Bedürftigen kümmern, ich bezahle ja schon genug Steuern!«

Dreifacher Angriff durch den Staat

Der Staat greift als Influencer also zeitgleich von drei Seiten an. Einmal über die Inflation, weiter über Eingriffe wie Steuern, Gesetze und Regulierungen, die den Menschen das Leben beschwerlicher machen. Und schließlich steckt er den Menschen Geld über wohlfahrtsstaatliche Leistungen zu. Alle drei Angriffe staatlicherseits lassen die Zeitpräferenz in der Gesellschaft ansteigen.

Wenn wir nun erkannt haben, dass es einen Zusammenhang gibt zwischen Inflation sowie weiteren staatlichen Eingriffen und einer immer kurzfristigeren Orientierung der Menschen, einhergehend mit Egoismus, Neid und Oberflächlichkeit, können wir dann auch andere Entwicklungen der menschlichen Gesellschaft daran festmachen? Und wenn ja, welche?

Ich meine: Ja, das können wir. Denn sich verändernde Verhaltensweisen wirken über den Bereich des Wirtschaftens hinaus. Die Veränderung menschlicher Verhaltensmuster lässt sich schließlich nicht separieren, schon allein deshalb nicht, weil diese Verhaltensänderungen ja im Unbewussten wirken, der Einzelne sich seines Verhaltens also gar nicht bewusst ist und nicht zu sich selbst sagt: »Ich glaube, meine Zeitpräferenz hat sich erhöht, ich muss künftig etwas auf mich aufpassen.« Das ist eben nicht damit vergleichbar, als würde man mit Blick auf die Waage feststellen, dass man ein paar Pfunde zu viel hat, und als Konsequenz beschließt, ab sofort mehr Sport zu treiben.

Die erhöhte Zeitpräferenz, also nicht mehr verzichten und zurückstecken zu können, *muss* also zwangsläufig auch Auswirkungen haben auf Lebensbereiche wie die der zwischenmenschlichen Beziehungen.

Mehr Scheidungen wegen Inflation?

Schauen wir uns in diesem Zusammenhang einmal die Entwicklung der Ehescheidungen in Deutschland an. Sie meinen, das sei weit hergeholt? Ich denke, das ist es nicht. Auch wenn sich zwei Partner noch so viel gegenseitigen Freiraum geben, so ist die Entscheidung, mit jemandem sein Leben zu verbringen, bei aller Liebe auch mit Zugeständnissen und Rücksichtnahme verbunden und auch damit, mal zugunsten des anderen zurückzustecken oder zu verzichten. Was aber ist, wenn viele nicht mehr verzichten wollen oder können?

Werfen wir einen Blick auf die Zahlen. Sie sprechen Bände. Lag die Scheidungshäufigkeit Anfang der 1970er-Jahre noch bei 15, das heißt, von 100 geschlossenen Ehen desselben Jahrgangs wurden 15 geschieden, liegt die Häufigkeit heute bei fast 35, in den Jahren 2003 und 2004 betrug sie sogar 43. In diesen Zahlen ist noch nicht einmal berücksichtigt, dass viele Paare heutzutage gar nicht mehr heiraten – deren Trennungen also hier auch nicht einfließen. Dass es den Begriff »Lebensabschnittsgefährtin« oder »-gefährte« gibt, wird wohl seinen Grund haben.

Auch für die Entscheidung vieler Paare, keine oder weniger Kinder haben zu wollen, kann der Anstieg der Zeitpräferenz eine Rolle spielen. Kinder werden eben nicht von allein groß, und bis Eltern wieder »Zeit für sich selbst haben«, vergehen viele Jahre. Das heißt im Klartext: Mutter und Vater müssen zurückstecken, also genau das, was viele in der Gesellschaft nicht mehr wollen und auch nicht mehr können.

Insofern müssen wir uns über Meldungen wie auf der Internetseite »Demografieportal des Bundes und der Länder« nicht wundern:

In den letzten Jahrzehnten hat die Kinderlosigkeit in Deutschland stetig zugenommen. Das zeigt sich daran, dass jüngere Frauen häufiger kinderlos sind als ältere Jahrgänge. So hatte 2016 jede fünfte Frau im Alter von 45 bis 49 Jahren keine Kinder geboren. Der Anteil gehört zu den höchsten in Europa. Im Vergleich dazu ist bei den heute 65- bis 69-Jährigen nur jede siebte Frau kinderlos geblieben.

Bei den immer niedrigeren Geburtenraten spielt die Geldpolitik nicht nur indirekt über die ansteigende Zeitpräferenz eine Rolle, sondern sogar direkt, wie die Ökonomen Gunther Schnabl und Sophia Latsos von der Universität Leipzig in einem Beitrag für die *WirtschaftsWoche* im August 2016 darlegen:

Die dramatischen Verteilungseffekte lockerer Geldpolitik zwischen den Generationen können die Geburtenraten beeinflussen. In den 1960er-Jahren argumentierte Richard Easterlin, dass Menschen weniger Kinder haben, wenn sie sich nicht in der Lage fühlen, ihren Kindern ein ähnliches Umfeld zu bieten, wie sie es selbst genossen haben. Aus dieser Sicht stört die Geldpolitik die Familienplanung, weil sie die junge Generation bei Einkommen und Vermögen schlechterstellt.

Nachwuchsprobleme in Vereinen

Ein weiteres Beispiel sind die zunehmenden Probleme, mit denen viele Ortsvereine, gleich ob Sport-, Schützen- oder Musikvereine, zu kämpfen haben. Immer häufiger können vakante Vorstandspositionen nicht wieder besetzt werden. Sind wir zu einem Volk von Individualisten geworden? Man könnte es meinen. Es finden sich zwar immer noch Mitglieder, die sich ehrenamtlich engagieren, aber nur zeitlich beschränkt und oft interessenbezogen. So lässt sich aber kein frei gewordener Vorstandsposten besetzen. Geben Sie im Internet ruhig mal als Suchbegriff ein: »Vereine finden immer weniger Ehrenamtliche«. Sie finden Vereinsnachrichten und -meldungen ohne Ende.

Natürlich weiß ich, dass bei den von mir aufgeführten Beispielen auch andere Gründe als nur ein Anstieg der Zeitpräferenz mit hineinspielen. Aber er ist ein Einflussfaktor, den wir nicht außer Acht lassen dürfen.

Weitere Beispiele möchte ich zu diesen Überlegungen nicht anführen. Nicht, weil mir keine mehr einfielen. Nein, vielmehr weil die Auswirkungen sehr vielschichtig sind und ich Sie vielmehr bitten möchte, an dieser Stelle das Buch einmal zur Seite zu legen und Ihre Gedanken schweifen zu lassen. Was haben Sie selbst schon beobachtet? Bei sich, mit Blick auf Ihr Umfeld. Welche Gedanken haben Sie sich selbst bereits zu gesellschaftlichen Entwicklungen gemacht und sich gefragt, warum manche Dinge eigentlich so sind, wie sie sind, und warum vieles »früher« ganz anders war?

Fazit

So wie eine Gesellschaft komplex ist, so komplex ist auch das persönliche Handlungsmuster eines jedes Einzelnen von uns. In die beschriebenen Phänomene in der Gesellschaft spielen insofern auch andere Faktoren als unser inflationäres staatliches Geldsystem hinein.

Doch im Kern ist die Herleitung beobachtbarer, ansonsten nicht rational erklärbarer gesellschaftlicher Entwicklungen über die Veränderung der Zeitpräferenz unwiderlegbar. Das Fiat-Geldsystem verrichtet hier schleichend sein Werk, und das nun seit Jahrzehnten. Es verändert still und leise das Verhalten, die Kultur und den Wertekompass der Menschen, macht sie egoistischer, oberflächlicher und weniger zukunftsorientiert. Ein Grund mehr, die Gesellschaft von der staatlichen Zwangsinflation zu befreien.

KAPITEL 6

Der Weg in die Verschuldung

Wir sind im Verlaufe dieses Buches schon einigen Übeln auf die Schliche gekommen, die in erster Linie dem Geldsystem geschuldet sind. Und ich hoffe, dass Sie so nicht nur manch wirtschaftliche Entwicklung inzwischen mit anderen Augen sehen.

Beschrieben habe ich auch, wie neues Geld über die Gewährung und Ausreichung von Bankkrediten entsteht. Das ist der Grund, warum unser Geldsystem häufig als »Schuldgeldsystem« bezeichnet wird. Einzig aus diesem Grund ist es ja überhaupt erst möglich, dass die Schulden weltweit immer weiter ansteigen. Wo sollte andernfalls das Geld für immer mehr Kredite herkommen?

Die Summe aller Schulden – also Staats-, Privat- und Unternehmensverschuldung – befindet sich gegenwärtig weltweit auf Rekordniveau und ist seit der Finanzkrise weiter massiv angestiegen. Mitte 2018 betrugen diese Schulden in Summe nach Angaben des Internationalen Währungsfonds weltweit 184 Billionen US-Dollar. Im Jahr 2007 waren es »lediglich« 97 Billionen Dollar. Auch relativ zur Wirtschaftsleistung gab es noch niemals zuvor mehr Schulden auf dieser Welt, jedenfalls nicht in Friedenszeiten.

Daher gilt es, eine wichtige Frage zu klären. Weshalb stürzen sich Staaten, Unternehmen und private Haushalte immer mehr in Schulden? Es zwingt sie doch niemand dazu.

Staat und Schulden

In puncto »Staatsverschuldung« ist die Antwort sehr schnell gefunden. Regierungen konnten noch nie verantwortungsvoll mit Geld umgehen. Das zeigt die Geschichte. In guten Zeiten wird für schlechte nichts zurückgelegt, und in schlechten Zeiten werden neue Schulden gemacht. Egal, wie hoch die Steuereinnahmen auch sind, sie reichen der Politik einfach nie aus, um die abgegebenen Wahlversprechen einzulösen. Irgendetwas kommt immer dazwischen. Genau aus diesem Grund haben die Staaten ja das Geldwesen unter ihre Fittiche gebracht: um sich leichter verschulden und ihre Bürger über die Erhebung der Steuern hinaus enteignen zu können.

Wir sollten uns zur Beurteilung des Verhaltens von Politikern auch die Erkenntnisse zur menschlichen Handlungslogik aus dem letzten Kapitel nochmals vor Augen führen. Das befreit von der Illusion zu glauben, die Situation würde sich zum Besseren wenden, würden nur die richtigen Leute an die Regierung kommen.

Die Basis menschlichen Handelns ist es, die eigene Situation zu verbessern oder zu verhindern, dass es nicht zu einer Verschlechterung kommt. Dafür setzt der Mensch Mittel ein. Können wir also von einem in der Politik Tätigen erwarten, dass er sich für eine massive Steuersenkung ausspricht und für einen radikalen Abbau der staatlichen Bürokratie, flankiert von einem spürbaren Zurückstutzen des Wohlfahrtsstaates? Im Grunde ist das eine rhetorische Frage. Ich will sie dennoch beantworten: niemals. Denn derjenige würde sich selbst seiner Mittel und seiner Daseinsberechtigung berauben. Er hätte fortan weniger zu verteilen, könnte sich weniger Wahlstimmen erkaufen und würde womöglich Gefahr laufen, sein eigenes Einkommen zu verlieren. Ich wüsste auch keine Partei, die einen Kollegen mit diesen Forderungen nicht sofort aufs Abstellgleis befördern würde. Dass also ein Mensch durch sein Verhalten seiner Karriere selbst Schaden zufügt, diese Erwartung können wir getrost ad acta legen.

Kreditinduzierter Wettbewerb

Bei den Unternehmen gestaltet sich die Antwort schon etwas schwieriger. Ein Fall aus der Praxis kann uns bei der Erklärung weiterhelfen: Ein Leser des Buches *Warum andere auf Ihre Kosten immer reicher werden*, das Philipp Bagus und ich im Jahr 2014 gemeinsam geschrieben haben, hatte sich über den Verlag an uns gewandt und uns seine Situation geschildert. Es handelte sich um einen Hotelier, der uns um Rat bat, wie er sich denn verhalten solle, wenn seine Mitbewerber mittels Krediten aus dem Nichts Investitionen tätigten, die ihn unter Zugzwang brächten, es ihnen gleichzutun – im Wissen, dass die Investition nicht nachhaltig sein könne und eine Fehlallokation von Kapital sei, weil es ohnehin schon zu viele Hotels in der Region gebe. Würde er bei diesem »Wettrüsten« nicht mitziehen, dann würden die Gäste, so seine Befürchtungen, vermehrt bei den Mitbewerbern absteigen.

Hier einen hilfreichen Rat zu geben, ist natürlich schwierig bis unmöglich. Aber das Beispiel zeigt hervorragend, in welcher Welt wir heute leben, die praktisch niemand mehr infrage stellt. Wie aber sähe die Situation in einer Welt ohne Kredite aus dem Nichts aus? Hier müssten die Hoteliers allesamt die Gelder für Investitionen erst einmal ansparen. Oder jemand anderes müsste es für sie tun. Kredite wären knapper und auch teurer. Und der Hotelier, der seine Gewinne verschleudert und nichts zurücklegt, hätte das Nachsehen gegenüber seinem sparsameren Mitbewerber.

In unserer heutigen Welt bedarf es keiner Ersparnisse. Fängt einer der Hoteliers an, über kreditfinanzierte Investitionen ein Super-Wellness-Hotel aus dem Boden zu stampfen, kommen die Mitbewerber automatisch unter Zugzwang, es ihm gleichzutun, sonst steigen die Gäste bald woanders ab. Keine Frage: Wettbewerb ist gut, gesund und bringt bessere Produkte und bessere Leistungen hervor. Aber ein inflationsinduzierter Wettbewerb, also ein Wettbewerb, der angefacht wird über Kreditschöpfung, führt die Volkswirtschaft geradewegs in die Verschuldung.

Dieses Beispiel lässt sich auf jede andere Branche übertragen. Wenn ein Fertigungsunternehmen mittels Krediten seine Produktion automatisiert, setzt das ebenfalls andere Mitbewerber unter Zugzwang. Und wenn die Mitbewerber – aus welchen Gründen auch immer – die Investitionen nicht aus Eigenkapital stemmen können, bleibt nur der Kreditweg.

Dass es schuldenbedingt für viele Unternehmen inzwischen immer enger wird, davon zeugt der Quartalsbericht der Bank für Internationalen Zahlungsausgleich (BIZ), die Zentralbank der Zentralbanken, vom September 2018. Wir können darin lesen, dass »die Verbreitung von Zombiefirmen seit Ende der 1980er-Jahre zugenommen hat und ihre Zahl in Rezessionen zwar tendenziell steigt, in Erholungsphasen aber nicht wieder vollständig auf das vorherige Niveau sinkt. Eine wichtige Rolle dürfte dabei spielen, dass aufgrund der langen Niedrigzinsphase der finanzielle Druck auf die Unternehmen, ihren Zahlungsverpflichtungen nachzukommen, gesunken ist.« Zombiefirmen sind nach der Definition der BIZ Firmen, deren operativer Gewinn in den vergangenen drei Jahren nicht ausreichte, um die Schuldzinsen zu decken.

Bei Staaten und Unternehmen scheint es also nachvollziehbare Gründe zu geben, dass der Weg der Verschuldung beschritten wird.

Doch was ist mit den privaten Haushalten? Hier gibt es doch keinen Wettbewerb, wie er zwischen Unternehmen existiert. Ergo sollte es auch keinen Zwang geben, sich zu verschulden. Oder doch?

Wenn das Traumhaus immer teurer wird

Seit Generationen leben die Menschen in einer Welt mit ständiger Inflation, also ständiger Geldmengenausweitung. In einer solchen Welt ist es der Normalfall, dass die Preise für die allermeisten Güter und Dienstleistungen nur eine Richtung kennen, nämlich nach oben.

Ich kann mich noch sehr gut an die Worte meines Schwiegervaters erinnern, als meine Frau und ich überlegten, ein eigenes Haus zu bauen, wir uns aber nicht so sehr verschulden wollten. Ich war damals 25 Jahre alt. Er sagte:»Wartet nicht mit dem Bauen. So schnell, wie die Preise steigen, könnt ihr gar nicht sparen!« Damit ist praktisch schon ein Teil der Antwort gegeben.

In einem Umfeld mit Dauerinflation tendieren die Marktteilnehmer dazu, Anschaffungen oder Investitionen lieber früher als später zu tätigen. Und das mag – so bedenkenswert es sein mag – manchmal sogar ratsam erscheinen. Dann nämlich, wie in meinem Fall, wenn das Objekt der Begierde – ein schönes Einfamilienhaus – schneller teurer zu werden droht, als sich das erforderliche Eigenkapital überhaupt ansparen lässt.

Im Rückblick habe ich mich definitiv bessergestellt gegenüber jemandem, der damals begonnen hat, auf ein Haus zu sparen. Ich hatte aber auch Glück. Denn wäre es zu einer Krise des Papiergeldsystems gekommen, also einer Schrumpfung der Geldmenge, verbunden mit einem Rückgang meines Einkommens, hätten meine Frau und ich vor einem echten Problem gestanden.

Dennoch ist es interessant zu beobachten, wie sich gerade private Marktteilnehmer in einer inflationären Welt voller Kreditgeld verhalten. Sie stehen schließlich nicht unter Wettbewerbsdruck wie die Unternehmer. Aber wenn die Zinsen – wie in den vergangenen Jahren – auf immer tiefere Niveaus abgesenkt werden, dann können viele der Versuchung offenbar nicht widerstehen, statt ein Haus mit 150 Quadratmetern Wohnfläche eben eines mit 200 Quadratmetern zu bauen oder zu kaufen. Oder es wird ein BMW X3 geleast, obwohl es ein X1 auch tun würde. Und schließlich gibt es auch die Marktteilnehmer, die sich Kredite durch das Heruntermanipulieren überhaupt erst leisten können.

Üble Mixtur

Ganz sicher können uns beim Verständnis für Phänomene dieser Art die Überlegungen aus dem letzten Kapitel zur menschlichen Zeitpräferenz helfen. Wir erkennen, dass es zwei Kräfte gleichzeitig sind, die menschliches Konsumverhalten beeinflussen. Auf der einen Seite lässt ein allgemeiner Anstieg der Zeitpräferenz die Menschen konsumorientierter werden, erinnern wir uns an das »nicht mehr verzichten können«. Auf der anderen Seite erledigt das immer niedrigere Zinsniveau den Rest. Eine üble Mixtur.

Das Geldsystem scheint also eine zentrale Rolle dabei zu spielen, dass die Menschen tendenziell über ihre Verhältnisse leben. Wenn das historisch niedrige Zinsniveau es ermöglicht, heute einen BMW X3 für eine Monatsrate zu leasen, die noch vor wenigen Jahren für einen X1 auf den Tisch zu legen war, dann könnte man ja auch auf den Gedanken kommen, statt den X3 doch den X1 zu nehmen und die Differenz zu sparen. Beim nächsten Autokauf ließe sich dann schon eine Anzahlung leisten. Aber bei manchem genügt vielleicht ein Blick in des Nachbarn Autogarage und die Entscheidung ist getroffen. Selbst teure Urlaubsreisen werden heute von vielen mittels Kreditgeld bezahlt, statt einmal den Urlaub auf Balkonien zu verbringen, zu sparen und das nächste Mal die schönsten Wochen im Jahr cash zu bezahlen.

So sind die Schulden der Privathaushalte in den vergangenen Jahrzehnten stetig angestiegen. Schauen wir uns beispielhaft den Bereich der Autokredite an. Für ältere Generationen war und ist es fast durchweg undenkbar, ein Auto auf Kredit zu kaufen, und eine Leasingindustrie – ja, Leasing ist auch ein Kreditgeschäft – existierte vor Jahrzehnten praktisch nicht. Heute ist Kfz-Leasing und -Finanzierung dagegen das neue »Normal«. Im *Handelsblatt* online war im April 2017 zu lesen, auch Privatkunden würden ihre Fahrzeuge immer öfter leasen. Dem Artikel zufolge sind heute bereits mehr als 80 Prozent aller gewerblichen Neufahrzeuge geleast. Und nur rund ein Viertel der Neuwagenkäufe insgesamt wird *nicht* finanziert.

Zwar haben sich die Verbraucherinsolvenzen seit 2010 rückläufig entwickelt – der Rückgang des Zinsniveaus kann der Grund dafür sein –, dafür haben sie sich aber von den Jahren 2000 bis 2010 etwa verzehnfacht und sind damit immer noch siebenmal höher als zum Jahrtausendwechsel.

Verschuldung macht abhängig

Alle hier beschriebenen Entwicklungen haben über einen sehr langen Zeitraum stattgefunden, über viele Jahrzehnte nämlich. Das müssen wir uns immer wieder von neuem bewusst machen. Immer, wenn sich Veränderungen über einen sehr langen Zeitraum erstrecken, ist es schwierig, die Zusammenhänge zu erkennen. Das aber ist bei der nun folgenden Frage abermals wichtig, ob es nämlich eine Verbindung gibt zwischen der Rekordverschuldung in der Welt und dem ständig steigenden Druck, dem sich immer mehr Menschen ausgesetzt fühlen.

Ich denke, es besteht Konsens darüber, dass jemand, der keine Schulden hat, unabhängiger ist als jemand, der Schulden hat, erst recht im Vergleich zu jemandem, der überschuldet ist. Und das gilt gleichermaßen für Unternehmen.

In seinem Buch *Krise der Inflationskultur* schreibt Jörg Guido Hülsmann:

> *Der durchschnittliche Bürger verbringt heute den größten Teil seines Lebens damit, Kredite zu bedienen, für die ohne das Zwangsgeldsystem in den meisten Fällen kein Anlass bestanden hätte und die er daher nicht aufgenommen hätte. Im Ergebnis wird die Bevölkerung in einen Haufen williger Teilzeitknechte der Finanzindustrie und des Staates verwandelt.*

Das trifft es genau: Knechte sind abhängig. Ein hoher Verschuldungsgrad macht abhängig, von Schwankungen der Volkswirtschaft wie von politischen Entscheidungen. Wenn sich Private und Unternehmen immer mehr verschulden, geraten sie und damit die Volkswirtschaft früher oder später zwangsläufig in die Situation, dass die Preise nicht mehr fallen dürfen. Denn fallende Preise, die einhergehen mit rückläufigen Unternehmensgewinnen, sinkenden Löhnen und zurückgehenden Staatseinnahmen, sind der Todesstoß für ein Papiergeldsystem. Dieser Druck hängt wie ein Damoklesschwert über auf Schulden aufgebauten Volkswirtschaften und verdammt sie daher zu permanentem Wachstum.

Mit Spannung werden Woche für Woche irgendwelche Wirtschaftszahlen erwartet, gleich ob in den USA, Europa oder China: Einzelhandelsumsätze, Wachstum des Bruttoinlandsproduktes, Geschäftsklimaindex usw. Davon scheint das Wohl ganzer Volkswirtschaften abhängig zu sein.

Wir denken nicht einmal mehr über die Frage nach, ob man Wohlstand möglicherweise gar nicht messen kann. Vielleicht würden die Menschen sich »wohler fühlen«, hätten sie weniger Konsumgüter, dafür weniger Schulden. Jedenfalls wären sie unabhängiger und freier. Und wer ist schon gern abhängig und unfrei oder gar ein Schuldknecht?

Was, wenn in einer Welt mit nur moderaten Schulden das Wachstum einmal rückläufig wäre? »So what?«, könnte man dann sagen, niemand müsste sich sorgen. Heute dagegen schrillen in Regierungszentralen und bei den Notenbanken die Alarmglocken.

Dabei bekommen in unserer Papiergeldwelt sogar diejenigen den Verschuldungsdruck zu spüren, die überhaupt keine Schulden haben. Warum? Denken Sie bitte an die eben zitierte Passage von den Zombieunternehmen aus dem Bericht der BIZ. Es braucht wohl keine Diskussion darüber, dass in einem moderat verschuldeten oder schuldenfreien Unternehmen ein entspannteres Arbeitsklima herrscht als in einem überschuldeten.

So kommt der Druck auch bei denen an, die das Sparen noch nicht verlernt haben. Leider ist es nicht möglich, eine Statistik zu erstellen, an der sich ablesen ließe, wie sich Hektik und Stress in einer Gesellschaft insgesamt entwickeln. Doch die Vermutung liegt nahe, dass zunehmender Druck am Arbeitsplatz, dazu in manchen Fällen auch noch ein Zweitjob und immer mehr Belastungen aus Krediten und Leasingverträgen neben anderen Gründe dafür sind, dass sich die Zahl der Krankheitstage von Arbeitnehmern aufgrund psychischer Erkrankungen und Verhaltensstörungen in den vergangenen zehn Jahren mehr als verdoppelt hat.

Und sowohl bei Frauen als auch bei Männern sind psychische Erkrankungen inzwischen der häufigste Grund für Berufsunfähigkeit. Noch vor wenigen Jahren waren hierfür in erster Linie Erkrankungen des Skelett- und Bewegungsapparates verantwortlich. Und auch die Zahl der verordneten Antidepressiva ist in Deutschland in den vergangenen zehn Jahren um über 50 Prozent angestiegen. Dass diese Zahlen darauf zurückzuführen sind, dass Deutschland innerhalb weniger Jahrzehnte zu einem Land voller mentaler Weicheier geworden ist, ist unwahrscheinlich.

Es wäre natürlich schon ein großer Erfolg, ließen sich wenigstens die Staatsschulden eindämmen. Der Staat ist der Oberschuldner schlechthin und er lässt seine Bürger zur Ader, ohne dass sie sich zur Wehr setzen können. Könnte man berechnen, wie wohlhabend wir sein könnten, hätte unser Staat, so wie beispielsweise das Fürstentum Liechtenstein, keine Schulden und niedrige Steuern, vielleicht hätten wir eine Revolution, noch bevor der nächste Tag beginnt.

Fazit

Wir können Folgendes feststellen: Das herrschende Papiergeld- oder Schuldgeldsystem führt nachweislich zu einem stetig ansteigenden Verschuldungsgrad bei Unternehmen, Privaten und vor allem beim Staat. Die Belastungen aus Zinsen und Tilgung setzen die Volkswirtschaft immer stärker unter Wachstumsdruck und führen in die Abhängigkeit. Alle Marktakteure haben darunter zu leiden, der eine weniger, der andere etwas mehr. Wieder andere rackern sich Tag und Nacht ab, um irgendwie über die Runden zu kommen. Selbst die, die keine Schulden haben, können sich den Auswirkungen des Schuldgeldsystems nicht entziehen.

Das herrschende Geldsystem verschafft Anreize, statt das Kapital für Anschaffungen und Investitionen anzusparen, sich mit Krediten zu

belasten und die Anschaffungen und Investitionen zeitlich vorzuzie-
hen. Die Gründe dafür sind vielfältig. Aber eines haben viele Menschen durch jederzeit verfügbares Kreditgeld ganz sicher verlernt:
das Sparen.

KAPITEL 7

Wenn der Staat
immer weiter wächst

Ein Leben ohne den Staat, so wie wir ihn heute kennen und wahrnehmen, können sich die meisten Menschen nicht vorstellen. Obwohl sich staatliche Institutionen immer mehr in das Leben der Bürger einmischen, machen sich nur ganz wenige von ihnen Gedanken darüber, »wie viel« Staat im Grunde ausreichen würde, ab welchem Punkt es »zu viel« Staat wird oder gar ob wir den Staat überhaupt brauchen.

Besonders engagierte Fürsprecher für den Staat finden sich verständlicherweise unter jenen, die in seinen Diensten stehen oder eng mit staatlichen Stellen »zusammenarbeiten« und von ihm profitieren, weil er sie mit lukrativen Jobs und Aufträgen versorgt, für die es in einem freien Markt oftmals gar keine Nachfrage gäbe. Und jene, die staatliche Sozial- und ähnliche Leistungen beziehen, werden ohnehin kein Interesse daran haben, den Staat »zurückzustutzen« oder seine finanziellen Spielräume einzuengen.

Vonseiten der Ökonomen wird darüber hinaus die wissenschaftliche Argumentation geführt, eine Volkswirtschaft bedürfe staatlicher Lenkung und der Staat würde sogenannte »öffentliche Güter« bereitstellen, die der freie Markt nicht zur Verfügung stellen kann.

Monstrum und Ungetüm

Ähnlich wie beim Thema »Geld« ist es der Faktor Zeit, der es schwierig macht, die zurückliegende Entwicklung des Staates zu erfassen und sich bewusst zu machen, zu welchem Monstrum er herangewachsen ist: einem Ungetüm, das sich immer mehr in unser Leben einmischt, uns in unseren Entscheidungen einengt, uns freier Wahlmöglichkeiten beraubt, uns dafür zwangsweise immer stärker zur Kasse bittet und von dem wir versprochene, aber am Ende doch nicht erbrachte Leistungen nicht einmal einklagen können.

Um klarer zu machen, warum ich den Staat als »Monstrum« und »Ungetüm« bezeichne, lassen Sie uns bitte zunächst gemeinsam darüber nachdenken, in welchen Lebensbereichen – von der Geburt bis zum Tod – wir notgedrungen und zwangsweise mit dem Staat und seinen Institutionen in Berührung kommen.

Von der Wiege bis zur Bahre

Die meisten Babys kommen in *staatlichen* Krankenhäusern auf die Welt und erhalten, schon bald nachdem die Nabelschnur durchtrennt ist und das örtliche *Standesamt* die Geburtsurkunde ausgestellt hat, eine persönliche *Steuer-ID*, die die neuen Erdenbürger bis an ihr Lebensende begleiten wird. Da die meisten Eltern *gesetzlich* krankenversichert sind, wird der Nachwuchs sofort und automatisch *zwangsweise* familienversichert.

Ab Geburt eines Kindes gewährt der Staat den Eltern großzügigerweise, *Kindergeld* zu beantragen bei der zuständigen *Kindergeldkasse*.

Nächste Station: Kindertagesstätte oder Kindergarten. Nachdem früher die Kinder wenigstens drei Jahre zu Hause bei der Mutter oder auch bei Oma und Opa verbrachten und es dann ab in den Kindergarten ging, dauert es heutzutage oft weniger als ein Jahr, bis sich die Kleinkinder in einer zumeist *städtischen* oder *kommunalen* Kindertagesstätte wiederfinden.

Ich will hier Folgendes betonen: Immer mehr wird es zur Normalität, die Kleinsten zur Betreuung außer Haus zu geben. Lag die Betreuungsquote von Kindern im Alter von unter drei Jahren im Jahr 2006 noch bei 13,6 Prozent, so waren es im Jahr 2016 dagegen schon 32,7 Prozent. Ein etwas genauerer Blick zeigt sogar: Etwas mehr als ein Drittel der Kinder von einem bis unter zwei Jahren wurden 2016 in einer Kita betreut. Psychoanalytiker warnen in diesem Zusammenhang vor »innerseelischen Katastrophen«. Ganztägige Trennungen von den Eltern stellen demnach »extreme psychische Belastungen« für die Kinder dar. Je länger die Fremdbetreuung, desto höhere Werte des Stresshormons Cortisol seien bei den Kindern nachweisbar. Ob die Eltern die Kinder schon so früh in die Betreuung geben wollen oder es aus Einkommensgründen tun müssen, sei dahingestellt. Machen Sie sich bitte – auch auf Grundlage der bisherigen Kapitel – Ihr eigenes Bild.

Im Alter von etwa sechs Jahren beginnt die Schullaufbahn. Und für die allermeisten Kinder beginnt sie in einer *staatlichen* Schule, unterrichtet von *staatlich* besoldeten Lehrern, die den Kindern den vom *staatlichen* Kultusministerium festgelegten Lehrplan nahebringen.

Nach der Schulzeit geht der Ernst des Lebens los, für die einen mit einer Berufsausbildung, während der eine *staatliche* Berufsschule besucht und an deren Ende eine Prüfung vor der mit *Zwangsbeiträgen* finanzierten Industrie- und Handelskammer abgelegt werden muss; für die anderen mit einem Studium, meist an einer *staatlichen* Universität, unterrichtet von Professoren im *Staatsdienst*. Interessant ist es anzumerken, dass 41 Prozent der Studenten nach dem Studium am liebsten bei Vater *Staat* anheuern möchten.

Aber auch wer nach seiner Schul- oder Studienzeit eine berufliche Karriere in der Privatwirtschaft beginnt, wird den Staat nicht los. Im Gegenteil. Wie ein Parasit hängt er sich fortan an die nun in Lohn und Brot stehenden jungen Menschen. Davon können die sich anhand ihrer ersten Gehaltsabrechnung gleich überzeugen: *Lohnsteuer, Solidaritätszuschlag, Pflichtbeiträge zur gesetzlichen Renten-, Kranken- und Pflegeversicherung.* Gott sei Dank zieht das staatliche Finanzamt bei Kirchenmitgliedern gleich die *Kirchensteuer* mit ein, sonst müssten sie sich darum noch selbst kümmern. Ach ja, der Arbeitgeber zahlt zwangsweise noch eine *gesetzliche* Unfallversicherung bei der *staatlichen* Berufsgenossenschaft.

Wenn man vom kläglichen Rest seines Bruttoeinkommens seinen Lebensunterhalt finanziert, muss man bei näherem Hinsehen feststellen, dass nochmal ein gehöriger Teil davon für die *Mehrwertsteuer* draufgeht. Bei angenommenen monatlichen Ausgaben von 2.000 Euro sind das gemittelt nochmal rund 260 Euro im Monat. Noch nicht berücksichtigt sind *Versicherungssteuern,* Zwangsabgaben wie die *Rundfunkgebühr, Grunderwerbssteuer beim Immobilienkauf, Grundsteuer auf Immobilienbesitz, Mineralölsteuer, Mehrwertsteuer auf die Mineralölsteuer (eigentlich nicht zu glauben: eine Steuer auf eine Steuer!), Stromsteuer, Kfz-Steuer, in Verkaufspreise einkalkulierte Zollabgaben auf importierte Waren, Tabaksteuer, Kapitalertragssteuer* usw. Diese Aufzählung ist zweifelsohne nicht einmal vollständig. Über unser ganzes Leben hinweg, Tag für Tag, mästet sich der Staat an dem, was wir erwirtschaften.

Vergessen dürfen wir bei unseren Überlegungen nicht die alljährliche *Steuererklärung,* für die vor allem Selbstständige das ganze Jahr über zahllose Belege und Quittungen sammeln, um dann – natürlich auf eigene Kosten – eine Bilanz zu erstellen und dem *Finanzamt* gegenüber eine auf höchst *komplizierten Steuergesetzen* basierende Erklärung darüber abzugeben, wie viel Steuern für das zurückliegende

Jahr zu entrichten sind. Natürlich mussten bereits vorab vierteljährlich entsprechende Steuervorauszahlungen geleistet werden.

Damit es nicht langweilig wird, versüßen uns Bürokraten das Leben zwischendurch immer wieder mit weiteren Gemeinheiten wie beispielsweise *rigiden Bauvorschriften, Energieausweisen für Gebäude, dem Geldwäschegesetz, der Datenschutzgrundverordnung usw.*

Mit 67 Jahren folgt die *staatliche Rente* – ein individuelles Kapitalkonto gibt es natürlich nicht, und ein Rentner bekommt das, was ihm in einer der letzten Rentenreformen zugebilligt wurde. Einen durch die *staatliche Pflegeversicherung* teilfinanzierten Platz in einem Pflegeheim benötigt man hoffentlich erst Jahre später, besser gar nicht.

Geht es mit dem irdischen Dasein schließlich zu Ende, finden wir unsere letzte Ruhestätte auf einem *städtischen* Friedhof. Eine Urne mit unseren sterblichen Überresten dürfen unsere Lieben nämlich nicht mit nach Hause nehmen. Das ist *gesetzlich* verboten.

Diese Aufzählung ist gewiss nicht lückenlos, allein schon weil der Platz an dieser Stelle beim besten Willen nicht für eine erschöpfende Auflistung reicht. Und wir haben noch nicht einmal die gesetzlichen Vorschriften und Regulierungen berücksichtigt, mit denen Unternehmer und Selbstständige Tag für Tag zu kämpfen haben. Sie ertrinken regelrecht in einer permanenten Flut *staatlicher* Vorschriften und Regularien von A wie Arbeitsschutz bis Z wie Zollvorschriften.

Warum der Staat ein »Monstrum« ist, sollte deutlich geworden sein. Wenn Sie Ihre Gedanken weiter schweifen lassen, werden Ihnen noch unzählige andere Bereiche einfallen, in denen Sie weitere Bekanntschaft mit staatlichen Regularien und Verordnungen gemacht haben.

Staatsquoten von nahezu 50 Prozent

Auch mit einer anderen Größe lässt sich verdeutlichen, wie viel Staat wir heute haben: die sogenannte Staatsquote. Die allermeisten westlichen Industrienationen weisen heute Staatsquoten von annähernd 50 Prozent aus. Eine rühmliche Ausnahme ist die Schweiz mit einer Quote von etwa 33 Prozent. Eine Staatsquote von 50 Prozent heißt im Klartext, dass jeder zweite Euro vom Staat ausgegeben wird oder, anders formuliert, dass die Hälfte des Bruttoinlandsproduktes durch Staatshand geflossen ist.

Da der Staat aber selbst so gut wie nichts erwirtschaftet, *muss* er das Geld, das er ausgibt, notwendigerweise vorher seinen Bürgern weggenommen haben – entweder über direkte und indirekte Steuern oder versteckt über Geldmengenausweitung, also Inflation.

Damit komme ich zur Kernaussage dieses Kapitels, die da lautet: *Die Systematik unseres Geldsystems trägt wesentliche Verantwortung dafür, dass der Staat eine solche Macht über unser Leben erlangen konnte.*

Warum? Obwohl die Steuereinnahmen des Staates über die Jahrzehnte stetig angestiegen sind, hätten sie allein *niemals* ausgereicht, ihn so mächtig werden zu lassen und ihn zu befähigen, sich in praktisch alle Lebensbereiche der Menschen einzumischen.

Es sind vor allem zwei Wege, über die sich diese Entwicklung zutragen konnte: das Entstehen einer überbordenden Bürokratie und der Ausbau eines alles erstickenden Wohlfahrtsstaates. Lassen Sie uns dazu ins Detail gehen.

Kein Eingriff ohne Folgeeingriff

Natürlich gibt es kein staatliches Gremium – jedenfalls hoffe ich das –, in dem Politiker, Beamte, Staatssekretäre und sonstige Bürokraten regelmäßig zusammenkommen und gemeinsam überlegen, welches neue Gesetz man als Nächstes einführen und wie man die Bürger noch mehr gängeln könnte.

Wenn wir also einen solchen Plan ausschließen, muss dennoch irgendeine Art von Systematik dahinterstecken oder es muss Mechanismen geben, die den Staat immerfort wachsen lassen. Und ja. Die gibt es.

Als sich in Deutschland nach den starken Wachstumsjahren nach dem Zweiten Weltkrieg im Jahr 1967 die erste Rezession einstellte, traten Ökonomen und Politiker auf den Plan und es wurde das »Stabilitätsund Wachstumsgesetz« formuliert und verabschiedet. Verabschiedet hat man sich damit auch von dem von Ludwig Erhard (1897–1977) geprägten Ordoliberalismus, nach dem sich der Staat auf das Abstecken von Rahmenbedingungen beschränkt, aber nicht lenkend in die Wirtschaftsprozesse eingreift. Der Staat sollte von nun an einen hohen Beschäftigungsstand, ein außenwirtschaftliches Gleichgewicht, ein stabiles Preisniveau sowie ein stetiges und angemessenes Wirtschaftswachstum gewährleisten. Damit übernahm er also eine Aufgabe, die aufgrund der Komplexität von Volkswirtschaften gar nicht zu leisten ist.

Inzwischen sind über 50 Jahre vergangen und die dem Staat übertragenen Aufgaben werden – obwohl eine politische Reform der nächsten folgt – schon lange nicht mehr hinterfragt. Seit Jahrzehnten maßen sich Politiker und Ökonomen schon an zu wissen, welche Stellschraube man in einer Volkswirtschaft wie drehen muss, um ein bestimmtes Problem zu lösen oder zu einem gewünschten Ergebnis zu kommen. Warum das nicht funktioniert, gar nicht funktionieren kann, das möchte ich nun erläutern.

Komplex, nicht kompliziert

Schon im Einleitungskapitel habe ich dargelegt, dass eine Volkswirtschaft nicht kompliziert, sondern vielmehr komplex ist. Komplex deshalb, weil eine Volkswirtschaft aus handelnden Menschen besteht, die alle mit nicht zu erfassendem, exklusivem Wissen ausgestattet sind. Menschen müssen sich in ihren Überlegungen, wie sie ihre Ziele am besten erreichen, stets zwischen Handlungsalternativen entscheiden. Sie handeln morgen vielleicht anders, als sie es heute tun, denn sie machen Erfahrungen, ändern ihre Pläne, eignen sich neues Wissen an und lernen aus Fehlern, ja sie lernen sogar aus den Fehlern anderer. Dieses den Menschen eigene Wissen und das Wissen um ihre Präferenzen und ihre Pläne lässt sich weder erfassen noch zentralisieren. Und weil es sich nicht zentralisieren lässt, kann man menschliches Handeln weder lenken noch prognostizieren.

Ganz im Gegensatz dazu ist beispielsweise ein Laserroboter, genau wie das eingangs erwähnte Flugzeug, kompliziert. Ihn zu konstruieren und zu bauen, erfordert technisches Wissen, das man sich jedoch aneignen kann. Machen Ingenieure und Bediener keine Fehler, so erledigt der Roboter seine Arbeit wie erwartet. Und tritt eine Störung auf, so lässt sich die Fehlerquelle eruieren und der Defekt beheben.

In einem komplexen System wie dem einer Volkswirtschaft können natürlich ebenfalls Störungen auftreten. Treten in einer unbehinderten, völlig freien Marktwirtschaft Störungen auf, wären diese eher geringer Natur (erinnern Sie sich an das Kapitel »Vom Boom zum Bust«), zum anderen würden die meisten solcher natürlichen Störungen den Marktteilnehmern auch gar nicht so sehr zusetzen, weil sie weniger verschuldet wären und mehr Rücklagen hätten.

Störungen in einer unbehinderten Marktwirtschaft könnten ausgelöst werden durch beispielsweise Missernten, Naturkatastrophen, den Konkurs eines größeren Unternehmens oder Engpässe bei der Lieferung von Rohstoffen. Die Menschen sind jedoch sehr erfindungs- und ideenreich und können sich selbst auf die größten Herausforderungen schnell einstellen.

Politik als Steuermann

Anders verhält es sich in unserer heutigen gesteuerten und gelenkten Volkswirtschaft. Störungen im Wirtschaftsablauf werden generell als unerwünscht und praktisch nie als Korrektur einer Fehlentwicklung wahrgenommen. Weil sich die Politik als Steuermann gibt, sehen die von der Störung Betroffenen dort natürlich ihre ersten Ansprechpartner.

Die Erwartung an die Politik lautet, dass sie die Störung durch geeignete Maßnahmen so schnell wie möglich behebt. Davon abgesehen, dass bis zum Umsetzen politischer Maßnahmen häufig unendlich viel Zeit vergeht, liegt es durchaus im Bereich des Möglichen, dass durch politische Maßnahmen ein Missstand sogar beseitigt wird. Aber nur auf den ersten Blick. Denn staatliche Eingriffe haben stets auch »Neben- oder Folgewirkungen«. Ein Beispiel: Wohnraum ist knapp, die Mieten steigen. Der Staat beschließt also eine »Mietpreisbremse«, wegen der Investoren von nun an aber noch weniger Wohnungen bauen, schließlich sinkt durch gedeckelte Mieten der zu erwartende Ertrag eines Investors. Folge: Wohnraum wird noch knapper. Ziel erreicht? Nein, im Gegenteil.

Bei der »Mietpreisbremse« haben wir es mit einem verhältnismäßig einfachen Beispiel zu tun. Aber meist lässt sich aufgrund der Komplexität der Volkswirtschaft gar nicht voraussagen, welche »Nebenwirkungen« nach einer politischen Maßnahme auftreten werden; sie lassen sich oft nicht einmal als »Nebenwirkung« eines bestimmten politischen Eingriffes erkennen. Erschwerend kommt hinzu, dass Politiker im Allgemeinen nicht allzu langfristig denken, also maximal bis zum Beginn des nächsten Wahlkampfes, »nachhaltige« Problemlösungen also eher nicht ihr Ding sind.

Bleiben wir noch einen Moment lang bei der »Mietpreisbremse«. Die nächste politische Maßnahme könnte nun sein, dass Immobilienbesitzern, die ihre Wohnung nicht vermieten möchten, zwangsweise Mieter einquartiert werden oder sie eine Ausgleichsabgabe wegen Nichtvermietens zahlen müssen. In Berlin redet man inzwischen sogar schon von Enteignungen und davon, ehemals volkseigene, heute private Wohnungen zu rekommunalisieren, wie die *Frankfurter Allgemeine Zeitung* im Februar 2019 berichtete. Bürokraten und Politiker können sehr erfinderisch sein und skrupellos. Dazu kommen staatlicherseits zusätzliche kontraproduktive Maßnahmen wie die Erhöhungen der Grunderwerbsteuer in zahlreichen Bundesländern, so wie in den vergangenen Jahren geschehen. Dass dies Wohnen nicht billiger macht, liegt auf der Hand.

Wir sehen an unserem Beispiel: Wegen *einer* Störung haben zahlreiche politische Maßnahmen das Licht der Welt erblickt: Mietpreisdeckelung, Zwangsvermietung, Ausgleichsabgaben, das Ganze garniert mit und konterkariert durch Erhöhungen der Grunderwerbsteuer und übertriebene Energieeffizienzvorschriften. Und das Problem selbst ist noch immer nicht gelöst.

Das Thema »Wohnen« ist aber nur ein Beispiel von, nein, nicht von vielen, von unzähligen Themen, in die der Staat sich inzwischen einmischt und letztlich immer mehr Durcheinander produziert. Das selbst erzeugte Durcheinander und politische Misserfolge halten die Damen und Herren in der Bundeshauptstadt und den Länderparlamenten aber keineswegs davon ab, zurückhaltender zu werden. Im Gegenteil: Tritt ein gewünschtes Ergebnis nicht ein, dann waren die

Maßnahmen, so wird argumentiert, scheinbar nur nicht tiefgreifend genug. Also wird die Dosis erhöht. Ergebnis: Die Freiheit des Einzelnen bleibt mehr und mehr auf der Strecke und die Störungen selbst werden natürlich zumeist den »bösen Märkten« angelastet, bei steigenden Mieten zum Beispiel den unersättlichen Vermietern.

Ein Eldorado für Bürokraten

Das Verwalten und Organisieren des immer größer werdenden, von der Politik selbst verursachten Chaos bedarf in der Folge eines immer größer werdenden Heeres an Bürokraten, von denen die meisten ihre Daseinsberechtigung darin suchen, wiederum neue Regularien, Verordnungen und Gesetze auf den Weg zu bringen. Oder erwarten Sie wirklich von einem Staatsbediensteten, dass er für die Abschaffung von Vorschriften und Gesetzen plädiert und Gefahr läuft, selbst wegrationalisiert zu werden? Das Gegenteil ist der Fall. Bei der Lösung der selbstgemachten Probleme werden oft sogar noch teure Experten hinzugezogen, die noch teurere Gutachten erstellen.

Anders als in einem Unternehmen, in dem das Streben nach Gewinn die Motivation ist und Kosten eine gewichtige Rolle spielen, ist ein Politiker oder Bürokrat nicht dem Wettbewerb ausgesetzt. Das Geld, über das er verfügen kann, ist nicht sein eigenes. Wenn es nicht ausreicht, werden die Steuern erhöht oder es werden neue Schulden gemacht.

Der Staat taugt nicht als Unternehmer

Doch warum rufen die Bürger stets nach dem Staat, obwohl doch ein Blinder erkennen kann, dass der Staat ineffizient und unfähig ist? Der Berliner Flughafenbau ist inzwischen der Klassiker, wenn es darum geht, ein Bild für staatliches Versagen zu präsentieren. Staatliche Schulgebäude mit einem immensen Investitionsstau und marode Brücken und Straßen sind weitere Beispiele, die uns beinahe täglich ins Auge stechen.

In einem Interview mit dem *heute-journal* im Februar 2019 sagte der amtierende Wirtschaftsminister Peter Altmaier im Rahmen der Vorstellung seiner »Industriestrategie 2030« sogar, der Staat dürfe nie auf Dauer Unternehmer werden und nannte ihn wörtlich einen *lausig schlechten Unternehmer.* Selten hat man so ehrliche Worte aus einem Politikermund gehört. Mit der »Industriestrategie 2030«, mit der die deutsche und europäische Industrie gestärkt werden und wettbewerbsfähiger gemacht werden soll, wird übrigens nur wieder eine neue politische Sau durchs Dorf getrieben und den Bürgern Aktionismus vorgegaukelt.

Die Erklärung, wie der Staat *ohne* Proteste der Bürger zum Monstrum werden konnte, ist im Grunde nicht schwierig. Parallel zum Durcheinander, das die Politik über die letzten Jahrzehnte in der Volkswirtschaft geschaffen hat, hat sie sich parallel dazu die Bürger gekauft. Das klingt hart? Ich meine, es ist nicht hilfreich, um den heißen Brei herumzureden. Man muss die Dinge beim Namen nennen: Der Staat hat seine Bürger korrumpiert, auf unterschiedliche Art und Weise.

Vollkasko-Wohlfahrtsstaat

Da ist zum einen ein völlig aus den Fugen geratener Wohlfahrtsstaat, der in dieser Dimension nur über die in einem Papiergeldsystem mögliche Verschuldung finanzierbar war und ist. 175 Milliarden Euro und damit 57 Prozent des Bundeshaushaltes (Primärhaushalt) verschlangen die Sozialausgaben im Jahr 2018. So umgarnt der Staat inzwischen seine Untertanen und lockt seine Schäfchen mit den unterschiedlichsten Leistungen an seinen immer größer werdenden Futtertrog. Und wer verzichtet schon gerne, wenn ihm scheinbar etwas zusteht?

Die sogenannte Sozialleistungsquote, die das Verhältnis der Sozialausgaben zum Bruttoinlandsprodukt wiedergibt, ist im Jahr 2017 auf 29,6 Prozent gestiegen. Das waren sagenhafte 965 Milliarden Euro.

Geschickt als Geschenk verpackt, sind sich viele Bürger nicht einmal bewusst, dass sie selbst die Finanziers des ganzen Verteilungsspektakels sind. Bestes Beispiel ist das »Kindergeld«, in Summe 45 Milliarden Euro pro Jahr. Kindergeld gilt als *staatliche Transferleistung*. Wenn Sie selbst Kinder haben, dann wissen Sie, was sie im Laufe der Jahre »kosten« – den Gegenwert eines Einfamilienhauses, so heißt es oft. Aber rechnen Sie doch mal selbst überschlägig nach, wie viel Mehrwertsteuern Sie über Babynahrung, Kinderbekleidung, Kinderwagen, Autositz, Kinderzimmer usw. zusätzlich zu schultern haben oder hatten. Das dürfte locker der Höhe des Kindergeldes entsprechen. Das als staatliche Transferleistung getarnte Kindergeld ist in meinen Augen somit nichts anderes als die *Rückgabe von Diebesgut*. Diese Worte gebrauchte auch der ehemalige Sozialrichter Jürgen Borchert in einem Interview mit dem Internetportal *t-online* im Jahr 2016. Kluge Worte, Herr Borchert. Warum werden Babywindeln, Kindermöbel usw. nicht einfach von der Mehrwertsteuer befreit?

Ehrlich gab sich einst Reichskanzler Otto von Bismarck (1815–1898), der ja als Vater des Sozialstaates galt. In seinen *Gesammelten Werken* ist zu lesen:

Mein Gedanke war, die arbeitenden Klassen zu gewinnen, oder soll ich sagen zu bestechen, den Staat als soziale Einrichtung anzusehen, die ihretwegen besteht und für ihr Wohl sorgen möchte.

Und auf der Internetseite der Bundeszentrale für politische Bildung heißt es dazu:

> *Diese Entwicklung hin zu einem Sozialstaat hängt nicht nur mit gesellschaftlichen Veränderungen und neuen Risiken (Industrialisierung, Urbanisierung, Bevölkerungswachstum und Erosion traditioneller Unterstützungssysteme) zusammen, sondern ebenso mit dem Interesse der herrschenden Eliten an der Erhaltung ihrer Machtposition. Bismarck nutzte nämlich die Sozialversicherungspolitik auch als Möglichkeit zur Schwächung von Sozialdemokratie und sozialistischen Gewerkschaften.*

Heute wie damals gehen die Bürger der Politik erwartungsgemäß auf den Leim. Wen wundert es auch. Kaum jemand macht sich die Arbeit zu berechnen, ob er selbst eher zu den Nettozahlern oder den Nettoempfängern staatlicher Leistungen gehört, wenn man das überhaupt berechnen kann. Da liegt es nahe, sicherheitshalber so viele staatliche Leistungen wie möglich abzugreifen, gleich ob Subventionen, staatliche Aufträge, Kindergeld, Rentenzahlungen und andere Sozialleistungen.

Welche Mutter sagt schon Nein, wenn in einer weiteren Rentenreform beschlossen wird, dass Kindererziehungszeiten in der Rente künftig höher angerechnet werden sollen, obwohl klar ist, dass die Rentenkasse spätestens dann, wenn die Babyboomer in Rente gehen, implodieren wird? Dass jegliche staatliche Leistungen zuvor erwirtschaftet werden müssen, tritt in den Hintergrund. Neue Staatsschulden? Wen interessiert's. Nach uns die Sintflut.

Ein ungewöhnlich kritischer Beitrag zum Thema »Sozialstaat« erschien im Februar 2019 im *Handelsblatt*. Er glich einem Armutszeugnis. Die Autoren machen darauf aufmerksam, dass der Gesetzgeber aufhören müsse, die Empfänger von Sozialleistungen als quasiunmündige Fürsorgefälle zu begreifen, und sie kommen zu dem Schluss, dass die meisten erwachsenen Bürger sehr wohl in der Lage seien, ihr Leben selbst in die Hand zu nehmen, selbst wenn sie dazu vorübergehend auf Geld vom Staat angewiesen seien.

Scharfe Kritik erfährt in dem Beitrag auch die überbordende Sozialstaatsbürokratie und dass kaum jemand mehr den Durchblick hat – es gibt allein 150 verschiedene familienpolitische Leistungen. Und wenn die Arbeitslosenrate – wie aktuell der Fall – in Deutschland auf dem tiefsten Stand seit Jahrzehnten liegt, die Sozialleistungen sich zur gleichen Zeit dagegen auf Rekordniveau befinden, dann darf man getrost annehmen, dass hier etwas gehörig aus dem Ruder läuft.

Es sind die Abhängigkeiten, die der Staat schafft, und die Karotten, die er den Bürgern permanent vor die Nase hält; damit zähmt er seine Untertanen und lässt sie – bei all ihren Zweifeln am politischen System und den Fähigkeiten von Politikern – Stück für Stück ihre Freiheit aufgeben.

Rettungspolitiken vollenden das Werk

Die immer wiederkehrende und in ihrer Heftigkeit immer schlimmer werdenden Boom- und Bustzyklen erledigen schließlich den Rest. Droht die Wirtschaft mal wieder in eine Rezession abzukippen und drohen einmal mehr Bankpleiten, ertönt der Ruf nach dem Staat. Hat der Bürger auch gerade noch auf die Regierung geschimpft und Politiker als Gauner bezeichnet, wird er im Moment der Krise, in der er seinen Job, sein Unternehmen, sein Bankguthaben oder seine Rente bedroht sieht, nach dem Staat rufen und die Verantwortlichen auffordern, Rettungsmaßnahmen zu ergreifen.

Der Ökonom Thorsten Polleit hat dieses auf den ersten Blick schizophren erscheinende Phänomen einmal als »kollektive Korruption«

bezeichnet. In einem Beitrag für das Magazin *Smart Investor* (2012) schrieb er:

> *Nicht nur einige wenige, sondern eine wachsende Zahl von Gemein-schaftsmitgliedern und ganze gesellschaftliche Gruppen werden zu bedingungslosen Befürwortern staatlicher Zwangsmaßnahmen. In der Konsequenz befürwortet das Eigennutzkalkül des Individuums Politiken, durch die die Gesellschaft zusehends in ein kollektivistisch-sozialistisches Gemeinwesen überführt wird: einen immer stärker wachsenden Staat und Regel- und Regulierungswust, zu-lasten der individuellen Freiheit. Die kollektive Korruption stellt die Weichen in Richtung hoher Inflation oder sogar Hyperinflation: Denn vor die Wahl gestellt, Pleiten von Staaten und Banken und damit eine Rezession-Depression hinzunehmen oder aber neues Geld zu drucken, wird sich im Zuge einer ausgeprägten kollektiven Korruption eine Mehrheit finden, die gegen Pleitewellen und für das Gelddrucken plädieren wird.*

Besser kann man es nicht formulieren.

Fazit

In den vergangenen Jahrzehnten hat die Politik mit stetigen Eingriffen in die Märkte ein nicht mehr durchdringbares Bürokratiege-strüpp geschaffen, flankiert von einem ebenso undurchdringbaren Vollkasko-Wohlfahrtsstaat.

Nur mittels der Macht über das Geldwesen, das ihm nahezu unend-liche Ressourcen beschert, konnte es dem Staat gelingen, die Bürger zu sich ins Boot zu holen. In der Krise den Untergang vor Augen, rufen sie nach staatlichen Eingriffen, um Einkommen und Vermö-gen zu sichern und die eigene Haut zu retten. Neue Vorschriften werden bereitwillig akzeptiert, nur um die Krise zu überstehen. Dass in einer Krise implementierte Vorschriften niemals wieder rückgängig gemacht werden, wird ausgeblendet. Die bürgerlichen Freiheiten schwinden und der Staat wuchert immer weiter.

KAPITEL 8

Der Umwelt zuliebe

Ich habe vollstes Verständnis, sollten Sie beim Blick in das Inhaltsverzeichnis über dieses Kapitel gestolpert sein und sich gefragt haben, was um Gottes willen unser Geldsystem mit dem Schutz von Umwelt und Ressourcen zu tun hat. Ich möchte Ihnen sagen: viel, sehr viel sogar.

Grundsätzlich gilt es, verschiedene Auswirkungen von stetiger Inflation auf die Umwelt zu unterscheiden. Da sind zum einen die Auswirkungen privater Investitionen, außerdem die Auswirkungen durch Projekte der öffentlichen Hand und schließlich die Auswirkungen privater Investitionen in Kombination mit Subventionen durch die öffentliche Hand, beispielsweise durch Investitionszuschüsse oder Sonderabschreibungen. Nicht zu vergessen die indirekten Auswirkungen, die der Veränderung unserer Gewohnheiten und Verhaltensweisen geschuldet sind.

Scheinboom verschwendet Ressourcen

Wie ich im Kapitel »Vom Boom zum Bust« dargelegt habe, führt eine Ausweitung der Geldmenge zu einem Absinken des allgemeinen Zinsniveaus, wodurch ursprünglich unrentable Investitionsvorhaben rentabel werden. Ein wirtschaftlicher Scheinaufschwung kommt in

Gang. Daran lässt sich nichts Positives finden, denn wir können ohne Konsumverzicht unseren Wohlstand nicht mehren. Dessen müssen wir uns immer wieder bewusst werden und ich erwähne das deshalb stets aufs Neue, weil es immer wieder vergessen wird und uns die Experten etwas anderes vorgaukeln.

Die Ausweitung der Geldmengen führt aber nicht nur zu einer Absenkung des allgemeinen Zinsniveaus und einem Scheinaufschwung in der Wirtschaft, sondern auch zu einer Verzerrung der Preise für Güter und Dienstleistungen. Preise, gleich ob der Preis für Geld, also der Zins, oder die Preise für andere Güter, sind aber wichtige Signale in einer Volkswirtschaft. Sie sind wie ein Kompass für uns. Sie zeigen Knappheit und Überschuss eines Gutes an und sorgen dafür, dass es hinsichtlich der Bedürfnisbefriedigung von Konsumenten seine effizienteste Verwendung findet. Nur wenn die Kompassnadel in die richtige Richtung zeigt, also über absolut freie Preise und ein Zinsniveau frei von Manipulation, ist es zu erreichen, dass die Marktteilnehmer die ihnen zur Verfügung stehenden Mittel zur Erreichung ihrer Ziele genau dort einsetzen, wo sie – vereinfacht gesprochen – am besten aufgehoben sind.

Wenn Güterpreise und Zins dagegen *nicht* den natürlichen Niveaus entsprechen – weil sie durch Geldmengenausweitung verzerrt sind –, dann werden Mittel *nicht* den effizientesten Verwendungen zugeführt. Unter »Mittel« sind zu verstehen: Zeit, Arbeitskosten, aber und vor allem auch alle Arten von Vorprodukten zur Herstellung eines Endproduktes. Und was sind und woraus bestehen Vorprodukte? Richtig: beispielsweise Rohöl beziehungsweise Kunststoffe, Strom, Zement, Wasser, seltene Metalle ... bestimmt fallen Ihnen noch viele weitere »Mittel« ein.

Wie wir festgestellt haben, enden Scheinaufschwünge, induziert durch Kredite aus dem Nichts und heruntermanipulierte Zinsen, regelmäßig und notwendigerweise in Zusammenbrüchen der Wirtschaft. Und nun kommt die entscheidende Frage: Was könnten Umweltschützer dagegen haben, wenn es Notenbanken und Geldpolitikern endlich unmöglich gemacht würde, die Zinsen unter ihr natürliches Niveau zu senken, und damit ein für alle Mal verhindert würde, dass im Grunde unrentable Projekte begonnen werden, diese nur allzu oft in Investitionsruinen enden und so jede Menge der gerade beschriebenen »Mittel« verschwendet werden?

Machen Sie die Probe aufs Exempel. Erklären Sie einem eingefleischten Kapitalismusgegner, der davon überzeugt ist, dass die »Märkte« die Schuld daran tragen, dass die Umwelt geschädigt und Ressourcen verschwendet werden, bitte den Boom-Bust-Zyklus. Und dann stellen Sie ihm die im letzten Absatz formulierte Frage. Da möchte ich gerne dabei sein.

Inflation verursacht Flächenfraß

Dabei haben wir noch nicht einmal über den stattfindenden Flächenfraß gesprochen, wenn Gewerbegebiete aus dem Boden gestampft und mit per nahezu zinslosen Krediten finanzierten Bürogebäuden zugebaut werden, während in den Innenstädten immer häufiger Objekte leer stehen.

Ein Politiker, der diese Ausführungen liest, wird sofort opponieren und argumentieren, dass doch die Bauwirtschaft davon massiv profitieren würde. Ich würde dem einmal mehr entgegenhalten, dass wir mit Geldschöpfung keinen »nachhaltigen« Wohlstand schaffen können. Und »nachhaltig« ist doch ein Begriff, der jedem, der Natur und Umwelt schützen und Ressourcen schonen will, gefallen muss.

Die Vorstellungskraft jedes Einzelnen von uns reicht nicht aus, uns auszumalen, wie viele Flächen weltweit im Laufe der Jahrzehnte un-

nötig verbaut, wie viele Bäume unnötig gefällt, wie viele Tonnen Öl
und Gas unnötig verfeuert wurden. Da werden die Bäume im Ham-
bacher Forst zu echten Peanuts. Dabei werden zahllose »Fehlinvestitionen« erst dann ans Tageslicht kommen, wenn die Zinsen wieder
zu steigen beginnen.

Ins Auge stechen dagegen heute schon Investitionsruinen, wie sie
beispielsweise nach dem Zusammenbruch des kreditfinanzierten
Immobilienbooms in Spanien zurückgeblieben sind. Ganze Land-
striche und Küstenstreifen wurden für immer zerstört, und man
muss kein Baufachmann sein, um zu wissen, dass man einen Roh-
bau nach ein paar Jahren nicht mehr zu Ende bauen, sondern nur
noch abreißen kann.

Jedem Politiker sein »Denkmal«

Schauen wir uns nun die Investitionen der öffentlichen Hand und
ihre Auswirkungen an. Da sind zum einen die direkten Investitionen, bei denen der Staat selbst als Investor oder Bauherr auftritt. Das
beginnt schon auf kommunaler Ebene, beispielsweise beim Neubau
eines Rathauses, obwohl das alte Gebäude seine Dienste noch erfüllen würde. Bestimmt finden Sie in Ihrer näheren Umgebung eines
oder mehrere Beispiele, wo sich ein Bürgermeister, Landrat, Minis-
terpräsident usw. »ein Denkmal gesetzt hat«. Hier muss man hinzu-
fügen, dass gerade die öffentliche Hand ihre Immobilien wie zum
Beispiel Schulgebäude, Brücken, Schwimmbäder oder Turnhallen
richtiggehend verlottern lässt, ganz anders, als es private Besitzer mit
ihren Immobilien tun.

Warum das so ist? Ein privater Eigentümer möchte sein Eigentum
langfristig erhalten und geht damit folglich pfleglicher um, als es Politiker mit öffentlichem Eigentum für gewöhnlich tun. Eher versuchen

sie, möglichst viel herauszuschlagen aus ihrer Amtszeit, finanziell und für ihr Renommee. Wenn man immer wieder kleine Summen für Schönheitsreparaturen an einem Schulgebäude ausgibt, fällt das der Öffentlichkeit halt weniger auf, als wenn man mit Riesentamtam, Freibier für alle und der örtlichen Musikkapelle einen Neubau einweiht. Übrigens: Politiker nennen den Zerfall öffentlicher Gebäude in der Regel beschönigend einen »Investitionsrückstau«.

Auf nationaler Ebene endet das in Megaprestigeobjekten, für die in einem freien Markt keine Nachfrage bestünde, wie beispielsweise der Hamburger Elbphilharmonie. Sie sollte ursprünglich 77 Millionen Euro kosten, es wurden am Ende 800 Millionen Euro. Der damalige Bürgermeister von Hamburg, Ole von Beust, sagte:

Ich glaube, das ist eine Sache, die vielen Hamburgern am Herzen liegt, und ich möchte diese Philharmonie auf jeden Fall!

Wenigstens war er ehrlich, er *glaubt es* und er *möchte* sie *auf jeden Fall*. In den Tagen, wo diese Zeilen geschrieben werden, ist die Elbphilharmonie wegen der schlechten Akustik massiv in die Kritik geraten, obwohl bei der Eröffnung noch als akustisches Wunderwerk gefeiert. Glauben Sie wirklich, dass hier Mittel den dringendsten Bedürfnissen der Konsumenten zugeführt wurden, von denen sich die allermeisten eine Konzertkarte für die Elbphilharmonie ohnehin gar nicht leisten können oder sich für klassische Musik nicht die Bohne interessieren?

Hätte Herr von Beust in Hamburg mal lieber die Gewerbesteuern und städtischen Gebühren gesenkt. Einen größeren Dienst hätte er seinen Bürgern und dem Wohlstandsniveau in seiner Stadt nicht erweisen können.

Förderung mit der Gießkanne

Zum anderen tritt der Staat wie auch die Europäische Union aber noch weit häufiger in Erscheinung, indem die verschiedensten Arten von Investitions-, Strukturförderungs- oder sonstigen Fonds geschaffen werden, die dann nach dem Gießkannenprinzip auf Projekte verteilt werden, für die es in einem freien Markt keine Nachfrage gäbe.

Erwähnt seien hier beispielhaft die mit Subventionen der öffentlichen Hand errichteten Regionalflughäfen, die fast überall in der EU zu finden und die defizitär sind. Auf der Internetseite der *Tagesschau* ist einem Beitrag vom Januar 2019 zu lesen:

> *Der Flughafen Lleida-Alguaire [Anm. d. Autors: Lleida ist eine Stadt in Spanien mit 140.000 Einwohnern] ist seit 2010 in Betrieb. Die katalanische Regionalregierung rechnete damals mit rund 400.000 Passagieren pro Jahr. Doch dieses Ziel wurde nie erreicht. Im vergangenen Jahr fertigte der Flughafen etwa 40.000 Gäste ab, ein Zehntel der anvisierten Zahl.*
> *Der Flughafen verdient bis heute kein Geld, er ist seit neun Jahren ein Zuschussgeschäft, gesteht Isidre Gavin. Er ist Beauftragter für Infrastruktur bei der Regionalregierung Kataloniens. [...] Dasselbe Problem haben die Flughäfen Burgos, Leon, Logroño, Valladolid oder Castellón – um nur einige zu nennen. Die Airports entstanden in den Zeiten des Baubooms in Spanien vor gut zehn Jahren – auch dank Subventionen der Europäischen Union.*

Wie viele Quadratmeter Land wurden wohl nur für die Start- und Landebahn des Flughafens Lleida unnötig zuzementiert, von den Gebäuden und Parkplätzen drumherum ganz zu schweigen. Und sind diese Regionalflughäfen in Spanien Einzelfälle? Nein! Sie sind es nicht.

500 Flughäfen wurden über die Jahre von der EU-Kommission gefördert. Und wie Rechnungsprüfer im Jahr 2014 feststellten, wurde das viele Geld oft ohne Sinn und Verstand ausgegeben.

Noch ein Beispiel gefällig? Gerne. Denn die EU tätigt nicht nur Investitionen, die sich anschließend in Luft auflösen, sondern geht auch regelmäßig mit ihren Projekten baden. Folgendes können wir auf der Internetseite des *Handelsblatt* (September 2016) lesen:

> *Zwischen riesigen Kränen wächst Unkraut. Ein Schiffswrack verrostet auf dem Containerdock. Weit und breit sind keine Menschen, keine Fahrzeuge und vor allem keine Schiffe zu sehen. So sieht es in Seehäfen aus, die mit dem Geld der europäischen Steuerzahler gebaut wurden. Insgesamt 42 Häfen in fünf Ländern – Deutschland, Italien, Polen, Spanien und Schweden – hat der Europäische Rechnungshof überprüft. Das niederschmetternde Ergebnis: Die EU-Kommission fördert mit Steuergeldern Häfen, die niemand braucht.*

Mit weiteren Beispielen ließen sich Bände füllen. Ich rate Ihnen unbedingt, im Internet selbst ein wenig zu recherchieren. Sie werden schockiert sein.

Beim Phänomen des wirtschaftlichen Scheinaufschwunges spielt also nicht nur der manipulierte Zins eine Rolle, der Investitionen erst rentabel macht. Oftmals braucht es sogar noch eine öffentliche Subvention, bis ein Vorhaben sich rechnet. ein besonders übler Mix mit völliger Intransparenz noch dazu.

Was das mit dem Geldsystem zu tun hat, liegt auf der Hand. Zwar kann der Staat sich die Mittel, die er in Form von Subventionen weiterreicht, per Steuererhebung besorgen. doch reichen – wie wir wissen – diese Mittel niemals aus, alle staatlichen Ausgaben zu schultern.

Die Geldschöpfung versetzt Regierungen aber in die Lage, sich höher zu verschulden, als es ohne Geldschöpfung möglich wäre, und macht die irrsinnigsten Projekte überhaupt erst möglich, mit immensen Schäden für die Umwelt und der Verschwendung von Rohstoffen.

Örtliche Politiker schreien natürlich so laut sie können »Hier!«, wenn es um die Standortwahl für anfangs so prestigeträchtige Megaprojekte wie beispielsweise Regionalflughäfen geht. Sie denken an höhere Gewerbesteuereinnahmen, vielleicht auch an die zusätzlichen Arbeitsplätze. Wahrscheinlich aber sind sie vor allem am eigenen Imagegewinn und an den Pressefotos interessiert, die sie bei der Einweihung der Projekte in erster Reihe zeigen.

Wir können also festhalten, dass zur Manipulation des Zinses, die Umwelt, Natur und Ressourcenverbrauch durch Fehlinvestitionen belastet, indem nicht rentable Projekte in Gang gesetzt werden, auch noch die Subventionen durch die öffentliche Hand hinzukommen und im Grunde *noch* unrentablere Projekte mit einer folglich in Summe *noch* stärkeren Belastung von Natur und Umwelt möglich machen.

Anstieg der Zeitpräferenz ist schlecht für die Umwelt

Um den indirekten Auswirkungen von Geldmengenausweitung auf Natur und Umwelt auf die Spur zu kommen, dazu nehmen wir uns die Erkenntnisse aus dem Kapitel »Krankes Geld ist ansteckend« zu Hilfe. Ich habe darin erklärt, dass die Inflation – wie stetes Tropfen von Wasser einen Stein aushöhlt – den Wertekompass der Gesellschaft verändert und die Zeitpräferenz der Menschen ansteigen lässt. Merkmale für eine steigende Zeitpräferenz sind eine immer weitere fortschreitende Oberflächlichkeit der Menschen sowie die Tendenz, der Gegenwart mehr Beachtung zu schenken als der Zukunft, und vor allem die verlorengegangene Fähigkeit, zu sparen und verzichten zu können. Stattdessen stehen Konsum und Spaß mehr und mehr an erster Stelle.

Ich bin bestimmt kein Miesepeter, aber noch vor wenigen Jahrzehnten wäre wohl niemand auf den Gedanken gekommen, einen Tagestrip über ein paar Hundert Kilometer in die Alpen zu machen, um einen Tag lang Ski zu fahren, wie es heute von vielen Reiseveranstaltern angeboten wird. Und auch mal eben zum Shoppen nach London oder Mailand zu fliegen oder übers Wochenende nach New York, macht unter Umweltschutzaspekten nicht gerade Sinn. Aber warum tun es dann so viele, vor allem junge Leute?

Spielt neben dem Drang zu vermehrtem Konsum bei dieser Art von Konsumgewohnheiten möglicherweise auch der stetig zunehmende Druck auf die Gesellschaft eine Rolle? Erinnern wir uns in diesem Zusammenhang vor allem an das Kapitel »Der Weg in die Verschuldung«. Wer die ganze Woche über durchs Leben hetzt, der will sich halt so zwischendurch auch mal was gönnen. »Mit dem Sparen fangen wir danach an, versprochen.« So gibt es seit Jahren eine klare Tendenz zu kürzeren Urlaubsreisen, dafür mehrere pro Jahr, statt wie früher vielleicht zwei Wochen Urlaub am Stück – also drei- oder viermal in den Flieger oder aufs Kreuzfahrtschiff.

Schlechtere Produktqualität

Oft wird unserer Gesellschaft vorgeworfen, sie sei eine Wegwerfgesellschaft. Wir haben im Kapitel »Krankes Geld ist ansteckend« bereits besprochen, dass die Qualität vieler Produkte in den vergangenen Jahrzehnten stark nachgelassen hat und sie eine tendenziell immer kürzere Lebensdauer haben. Neben der Tendenz, dass sich die Menschen immer öfter Neues kaufen, statt Bestehendes zu pflegen, könnte dafür übrigens auch ursächlich sein, dass die Unternehmen selbst aufgrund zunehmender Verschuldung unter Ertragsdruck stehen. Bleibt als Ausweg, bei der Produktion zu sparen, was sich zwangsläufig auf die Qualität auswirken muss. Das ist nicht gerade eine ressourcen- und umweltschonende Kombination.

So ist es für viele junge Leute heute auch hip, bei Primark ein T-Shirt für 2 Euro zu kaufen und es, statt es nach dem Tragen zu waschen, in den Müll zu befördern. Ich mache nicht einmal der Firma Primark einen Vorwurf, denn sie bedient nur die Nachfrage der Konsumenten, und das ist schließlich die Aufgabe des Unternehmers. Aber gäbe es diese Nachfrage nicht, dann gäbe es auch diese Angebote nicht. Und diese Art von Nachfrage ist zweifellos Auswuchs der zunehmenden Kurzfristigkeit und Oberflächlichkeit unserer Gesellschaft.

Es ist höchste Zeit, dass wir erkennen, wie weit wir uns, weil wir das Sparen verlernt haben und große Teile der Gesellschaft auf Pump leben, von einer wirklichen »Nachhaltigkeit« entfernt haben und dass der allgemeine Anstieg der gesellschaftlichen Zeitpräferenz, der seine tiefe Ursache im Geldsystem hat, der Grund hierfür ist.

»Gut gemeint« ist nicht »gut gemacht«

Umweltschutz heute mag gut gemeint sein, ist aber vielfach nicht mehr als nur eine Behandlung von Symptomen. Flächenfraß und schlechte Luft werden den »ungezügelten freien Märkten« angelastet. Dass der Markt nicht frei ist, solange wir staatliches Geld haben, thematisiert niemand. Es mag Unkenntnis hierüber sein, aber es wäre halt auch unbequem, wenn wir alle wieder ein bisschen mehr sparen müssten. Genau wie es unbequem ist, wenn ein Arzt seinem

Patienten, der über Rückenschmerzen klagt, rät, er solle endlich etwas für seine Rückenmuskulatur tun. Die meisten Patienten lassen sich lieber eine Spritze geben, das ist bequemer.

Ähnlich verlaufen die Diskussionen um nachhaltige Lebensmittel. Das Gewissen ist schnell beruhigt, beispielsweise mit: »Ich kaufe meine Lebensmittel im Biomarkt.« Dass man den Einkauf mit einem Porsche Cayenne erledigt hat, diesen Gedanken verdrängt man gerne. Auch die Verwendung von Plastiktüten ist immer wieder ein viel diskutiertes Thema. Da sitzt der Schauspieler und Umweltaktivist Hannes Jaenicke im Februar 2019 in der Sendung »Hart aber fair« und brüstet sich damit, er benutze schon seit einigen Jahren zum Einkaufen die gleiche Jutetasche. Dass er aber regelmäßig mit dem Flugzeug zwischen Deutschland und den USA pendelt, weil er zwei Wohnsitze hat, darauf muss ihn erst ein anderer Gast der Talkshow aufmerksam machen, dem er entgegnet, er würde seine CO_2-Emissionen doch ausgleichen.

Ich habe übrigens vor einigen Jahren an die Agentin von Herrn Jaenicke eine E-Mail geschickt mit der Bitte um Weiterleitung an ihn. Von Jaenicke stammt unter anderem ein Buch mit dem Titel *Die große Volksverarsche*. Ich schrieb ihm, dass sich dieser Titel auch für das erste Buch von Philipp Bagus und mir geeignet hätte, in dem wir detailliert das Geldsystem erklären. In der Nachricht erläuterte ich ihm auch, wie Geldsystem und Umweltschutz zusammenhängen, und sagte ihm, ich stünde für ein Gespräch zur Verfügung. Eine Antwort bekam ich nicht.

Achtung – damit keine Missverständnisse aufkommen. Ich bin wirklich der Allerletzte, der irgendjemandem vorschreibt, welches Auto er fahren soll oder wie oft er wohin in den Urlaub fliegen soll. Ich fahre selbst einen PS-starken SUV und den lasse ich mir von niemandem madig machen. Aber die Diskussionen, die *heute* zum Thema

»Schutz von Umwelt und Ressourcen« geführt werden, gehen allesamt am Kern des Problems vorbei. Wie bei wirtschaftlichen Störungen werden nur Medikamente verabreicht, während die Ursache der Krankheit unbehandelt bleibt.

Stattdessen laufen wir Gefahr, dass wir – politisch und medial gesteuert – um Jahre zurückgebeamt werden. Die in jüngster Zeit im Rahmen einer ideologisierten Klimadiskussion aufkommenden Forderungen nach mehr Lastenfahrrädern in Innenstädten sind ein Fingerzeig dafür – ich würde mich auch über einen Vorschlag »mehr Lastkarren mit Maultieren« nicht mehr wundern. Aber wahrscheinlich würden sofort Tierschützer dagegen Sturm laufen. Zum Glück.

Wir können uns wahrscheinlich nicht einmal im Ansatz vorstellen, um wie viel nachhaltiger unser Wirtschaften wäre, wären Kredite knapper und teurer, weil jemand zuvor das Kapital ansparen muss. So viel Autoverkehr wie heute gäbe es nicht, weil so viele Autos schlichtweg nicht finanzierbar wären. Unsere Welt wäre eine komplett andere. Umweltschützer würden sie lieben. Wir würden uns nämlich bald genau dort wiederfinden, wo uns beispielsweise die Grünen mit ihrem Grundsatzprogramm »Veränderung in Zuversicht« hinführen wollen, in Richtung einer »sozial-ökologischen Marktwirtschaft«. Nur werden wir mit *politischen* Maßnahmen – nicht mit grünen, nicht mit schwarzen und auch nicht mit roten – und vor allem mit staatlichem Geld niemals dorthin gelangen.

Fazit

Das Beste, was wir für unseren Blauen Planeten tun können, ist es, dem Staat die Hoheit über das Geldwesen zu nehmen, damit sich ein »nachhaltiges« Geldsystem etablieren kann. Unsinnige Investitionsprojekte, die unnötigerweise die Umwelt schädigen und wertvolle

Ressourcen verschwenden, würden der Vergangenheit angehören. Außerdem würden wir das Sparen wieder lernen. Und unter Konsumverzicht angespartes Geld wird zweifellos mit mehr Bedacht ausgegeben als Kreditgeld. Würde uns unser Wirtschaften von Zeit zu Zeit dann immer noch vor Umweltprobleme stellen – was sich wohl nie wird gänzlich vermeiden lassen –, dann ist unternehmerische Innovationskraft das beste Mittel, diese Probleme zu lösen. Mehr Innovationen und neue Technologien entstehen aus mehr wirtschaftlicher Freiheit und niedrigen Steuern. Aber auch dafür braucht es nicht mehr, sondern weniger Staat.

KAPITEL 9

Friedensnobelpreis geht an: gutes Geld

Es war im November 2018, als sich das Ende des Ersten Weltkrieges zum 100. Mal jährte. In zahlreichen Gedenkveranstaltung wurde der Millionen Toten gedacht. Es ist gut und wichtig, an die zahllosen Opfer zu erinnern und alles Menschenmögliche zu tun, um eine solche Tragödie, genau wie den Zweiten Weltkrieg, die Kriege in Vietnam oder Korea, letztlich jedweden Streit zwischen Menschen und Völkern nicht mehr geschehen zu lassen.

Was Politiker, wenn sie sich wie Bundeskanzlerin Merkel und der französische Staatspräsident Macron anlässlich solcher Gedenkveranstaltungen theatralisch in den Armen liegen, jedoch regelmäßig vergessen und auch irgendwie nicht wahrhaben wollen, ist, dass es niemals die Bürger selbst waren, die die Armeen in Gang gesetzt haben. Es mag immer wieder junge Soldaten gegeben haben, die motiviert in die Schlacht zogen, um im Krieg persönlichen Ruhm zu erlangen. Doch stets heben die Staatsführer mahnend die Finger in Richtung ihrer Völker, als wären es die Bürger gewesen, die begonnen hätten, sich zu streiten.

Silent Night

Dass dem nicht so ist, zeigt das Geschehen, das sich im Dezember 1914, am ersten Heiligen Abend des Ersten Weltkrieges, zwischen den Schützengräben, in denen britische, französische und belgische Soldaten den Deutschen gegenüberlagen, abspielte: Die Soldaten feierten gemeinsam Weihnachten.

Der Autor Stanley Weintraub hat darüber ein sehr bewegendes Buch, *Silent Night: The Story of the World War I Christmas Truce*, geschrieben, in dem er Heimatbriefe von der Front sowie Tagebücher der beteiligten Soldaten zusammengestellt hat. Weintraub schildert die Weihnachtsbegegnung:

> *Leutnant Geoffrey Heinekey, neu bei den 2nd Queen's Westminister Rifles, schrieb seiner Mutter: »Etwas äußerst Bemerkenswertes ist geschehen. [...] Einige Deutsche kamen mit erhobenen Händen hervor und fingen an, einige ihrer Verwundeten einzusammeln. Also sind wir selbst sofort aus unseren Gräben, um die eigenen Verwundeten ebenfalls zu holen. Dann winkten uns die Deutschen zu, und viele von uns gingen hinüber und sprachen mit ihnen, und sie halfen uns, unsere Toten zu begraben. Das ging den ganzen Morgen so. Ich sprach mit einigen von ihnen und muss sagen, dass sie auf mich wie außerordentlich gute Menschen wirkten. [...] Es schien mir zu ironisch, um es überhaupt auszusprechen. In der Nacht davor hatten wir eine gewaltige Schlacht, und am Morgen danach rauchten wir ihre Zigaretten, und sie unsere.«*

Weintraub zitiert auch Sir H. Kingsley Wood, ein Kabinettsmitglied während des nächsten Krieges und Weihnachten 1914 ein Major an der Front, der sagte, dass er

> *an etwas teilgenommen hatte, dass damals weithin als Waffenstillstand bezeichnet wurde. Wir gingen aus unseren Gräben hinüber*

und schüttelten vielen unserer deutschen Feinde die Hände. Zahl-
reiche Leute denken [heute], wir hätten damals etwas Entwürdi-
gendes getan. [...] Wir taten das damals, und ich bin damals zu
dem Schluss gekommen, zu dem ich seitdem fest stehe, dass kein
weiterer Schuss abgefeuert worden wäre, wenn es nur an uns ge-
legen hätte. Es herrschte beste Freundschaft zwischen uns, und ein-
zig die Tatsache, dass wir von anderen kontrolliert wurden, führte
dazu, dass wir wieder anfangen mussten, aufeinander zu schie-
ßen.

Die Schuld dafür, dass der Krieg weitergeführt werden musste, führte
er zurück auf

die Kontrolle durch das niederträchtige politische System. Ich und
andere, die damals dabei waren, beschlossen, nicht eher zu ruhen
[...] bis wir gesehen hatten, ob wir es nicht würden ändern können.

Aber sie konnten es nicht ändern.

Kriegsfinanzierung über Kredite

Alle großen Kriege hätten ohne die Abschaffung des Goldstandards
und die Etablierung von Papiergeldsystemen niemals geführt werden
können. Nur mittels Steuererhebung wäre jahrelange Kriegführung,
gleich ob im Ersten oder Zweiten Weltkrieg, Korea, Vietnam, Irak
oder Afghanistan, niemals möglich gewesen.

Allein das Beispiel Deutschlands im Ersten Weltkrieg kann als Beleg
dafür dienen. Die Kosten für den Ersten Weltkrieg beliefen sich für
Deutschland bis Ende 1918 auf knapp 160 Milliarden Reichsmark, was
etwa dem Vierfachen des gesamten deutschen Volkseinkommens im
Jahre 1913 und der Hälfte des geschätzten Volksvermögens insgesamt

entsprach. Auf der Internetseite der Bundeszentrale für politische Bildung kann man lesen:

> *Da die Kriegsfinanzierung in Deutschland fast ausschließlich über Kredite und Anleihen organisiert wurde, wuchs die Verschuldung des Reiches bis zum Ende des Jahres 1918 auf über 150 Milliarden Reichsmark an. Sie lag damit mehr als dreißig Mal so hoch wie vor Beginn des Krieges und betrug etwa die Hälfte des geschätzten Volksvermögens insgesamt. Allein der Zinsdienst für diese enorme, nach Kriegsende schnell weiter anwachsende Schuldenlast verbrauchte im letzten Kriegsjahr 90 % des ordentlichen Reichshaushaltes. Da bei Kriegsbeginn unmittelbar große Geldsummen benötigt wurden – allein die erste Mobilmachungswoche kostete ca. 750 Millionen Reichsmark –, stand dem Staat anfangs nur die Notenpresse zur Verfügung.*

Auf heutige Größenordnungen umgerechnet, würde das bedeuten, dass Deutschland für einen Krieg in den nächsten vier Jahren Kosten in Höhe von etwa 13 Billionen Euro hätte. Bei einem aktuellen Schuldenstand von 2 Billionen Euro und jährlichen Steuereinnahmen des Bundes von rund 324 Milliarden Euro (2018) ist es völlig klar, dass selbst ein »kleinerer« Krieg nur mit dem Anwerfen der Notenpresse finanziert werden könnte, natürlich auf Kosten des Geldwertes. Darum wurde zu Beginn des Ersten Weltkrieges – wie bereits erwähnt – fast auf der ganzen Welt, auch in Deutschland, die Goldeinlösepflicht von Banknoten außer Kraft gesetzt.

Bräuchte es auch nur einen einzigen Grund, warum man Regierungen und Politikern die Macht über das Geld entreißen sollte, dann würde allein das Argument genügen, dass sich keine langen Kriege mehr finanzieren ließen. Dabei fällt unser Blick stets auf die Millionen von Toten vor allem der beiden Weltkriege oder auf Fernsehbilder, die zeigen, wenn Särge mit den Leichen amerikanischer Soldaten in die Heimat zurückgeflogen werden.

Die vielen weiteren Grausamkeiten von Kriegen bleiben uns meist verborgen. Das gilt nicht für diejenigen, die sie erleiden mussten. Sie schaffen es meist nicht, das Erlebte zu verarbeiten, sind traumatisiert und zu einem halbwegs normalen Leben nicht mehr fähig. So stellt ein Bericht des US-Veteranenbüros aus dem Jahre 2013 fest, dass täglich 20 Veteranen des amerikanischen Militärs Selbstmord begehen.

Oder glaubt etwa jemand, dass Kinder wie Erwachsene Bombennächte in einem Keller oder die Flucht aus der Heimat oder, noch schlimmer, dass auch nur eine der im Zweiten Weltkrieg vergewaltigten Frauen – Schätzungen reichen von 800.000 bis zu zwei Millionen – das Erlebte je verarbeiten, geschweige denn je vergessen konnten?

Und was ist mit den verlorenen Jahren, in denen den Kindern der Vater und den Frauen die Männer geraubt wurden, weil sie in den Krieg ziehen mussten? Und es kehrten sicher nicht dieselben Männer zurück. Denn was Soldaten in Kriegen erleben müssen, kann an niemands Psyche spurlos vorübergehen.

Heute weiß man, dass die Ereignisse des Zweiten Weltkrieges noch immer – wie ein Gespenst – präsent sind. Wer sich nur ein wenig mit der menschlichen Psyche beschäftigt dem ist klar, dass die Kriegsereignisse in Form psychischer Auswirkungen bis hin zu den Kriegsenkeln ihre Schatten werfen.

Bürger beginnen keine Kriege

Kaum ein Normalbürger wird – wenn er nicht durch staatliche (Kriegs-)Propaganda verblendet und aufgehetzt wurde – sich dafür aussprechen, dass sein Land einen Krieg beginnt. Und dass Kriege sich eher *nicht* aus Streitereien zwischen den Bürgern heraus entwickeln, das belegen auch recht ehrliche Worte des 28. Präsidenten der

Vereinigten Staaten von Amerika, Woodrow Wilson (1856–1924). Ein Jahr nach Ende des Ersten Weltkrieges erklärte er in einer Rede in St. Louis, Missouri:

> *Nun, meine Mitbürger, ist irgendjemand unter Ihnen, der nicht weiß, dass der Grund für Kriege in der modernen Welt stets industrielle und wirtschaftliche Rivalität ist? [...] Dieser Krieg war seinem Ursprung nach ein kommerzieller und industrieller Krieg. Es war kein politischer Krieg.*

Wilsons Worte erscheinen schlüssig, denn wenn die Bürger kein Interesse am Krieg haben, irgendwelche Gruppen scheinen sehr wohl Interesse zu haben. Und Krieg zu führen um des Kriegführens willen, erschließt sich nicht. Wenn man jedoch argumentiert, den USA wäre es beim Krieg gegen den Irak um die dortigen Öl- und Gasvorkommen gegangen oder der militärisch-industrielle Komplex dränge die USA stets in neue Kriege oder im Syrienkrieg gehe es um den Verlauf einer neuen Gaspipeline, dann wird man sehr schnell in die Verschwörungsecke gedrängt. Wahrscheinlich kennen sich hier ohnehin nur wirkliche Insider aus, aber die werden ganz sicher nicht aus dem Nähkästchen plaudern. Am Ende ist es sicher ein Zusammenspiel vieler Faktoren, damit es zum Ausbruch von Kriegen kommt.

Die Geldquellen austrocknen und Staat zurückstutzen

Umso wichtiger also, dass die Geldquellen, aus denen die finanziellen Mittel für Kriege fließen, ausgetrocknet werden. Dann kann ein Staat auch nicht mehr für wirtschaftliche Zwecke und Interessen instrumentalisiert werden. Denn wenn der Staat nur über begrenzte

Geldmittel verfügen kann, wird er ohnmächtig und als Mittel zum Zweck, nämlich wirtschaftliche Interessen auf kriegerische Art und Weise durchzusetzen, uninteressant.

Ludwig von Mises hat sich in seinem Werk *Nation, Staat und Wirtschaft* (1919) auf wissenschaftlichem Weg intensiv damit auseinandergesetzt, wie es zur europäischen Urkatastrophe, dem Ersten Weltkrieg, kommen konnte. Er gelangte zu dem Schluss, dass es die Abkehr vom Liberalismus und die Hinwendung zu Imperialismus und Protektionismus und ein in der Folge immer mächtiger werdender Staat waren, dass die europäischen Völker den verheerenden Weg des Krieges einschlugen. Mises brachte es so auf den Punkt:

Frieden zwischen den Völkern läßt sich nur schaffen, wenn der Staat auf das kleinstmögliche Maß zurückgestutzt wird.

Es sind also in aller Regel staatliche Eingriffe in die Wirtschaft, die Unfrieden und Streit zwischen den Völkern streuen. Und einer der elementarsten, staatlichen Eingriffe war und ist die Monopolisierung des Geldwesens.

Erinnern Sie sich bitte an die Jahre vor Einführung des Euro. Es herrschten Frieden und Harmonie in Europa. Jetzt, wo es eine gemeinsame Währung gibt, herrschen Verteilungsstreitigkeiten. Gegenseitige Vorwürfe, vor allem zwischen Nord- und Südeuropa sind an der Tagesordnung. Sogar neue griechische und polnische Reparationsforderungen in Richtung Deutschland gibt es inzwischen und Bundeskanzlerin Angela Merkel wurde in griechischen Zeitungen in Hitler-Uniform abgebildet.

Der letzte Krieg auf europäischem Boden – der Krieg in Jugoslawien in den 1990er-Jahren – ging letztlich ebenfalls auf Verteilungsstreitigkeiten zurück. Man hatte es geschafft, trotz unterschiedlichster Mentalitäten einigermaßen friedlich zusammenzuleben, doch als die gemeinsame Kasse leer war, wurde schon bald darauf die Kriegsmaschinerie in Gang gesetzt.

»Freihandel« ist das Zauberwort

Wesensmerkmale des von Mises propagierten Liberalismus sind ein Minimalstaat und eine internationale Arbeitsteilung mit bedingungslosem Freihandel, ohne Zölle und Handelsbarrieren. Wie es der französische Politiker und Ökonom Frédéric Bastiat (1801–1850) in einem Satz ausdrückte:

> *Wenn Waren nicht die Grenzen überschreiten, werden es Soldaten tun.*

Dieser eine kurze Satz umschreibt die wesentliche Voraussetzung für Frieden unter den Völkern: *Freihandel*. Es gibt nichts, was besser Frieden stiften und bewahren kann, als über alle Grenzen hinweg miteinander unbehinderten und uneingeschränkten Freihandel zu betreiben. Miteinander zu handeln, ist kein Nullsummenspiel, aus einem freiwillig eingegangenen Tauschgeschäft beziehungsweise Handel gehen stets alle beteiligten Partner als Gewinner hervor. Freihandel und Arbeitsteilung sind vorteilhaft für alle Beteiligten.

»Halt! Das stimmt nicht!«, werden jetzt einige einwenden. »Was ist mit denen, die durch den globalen Handel arbeitslos wurden, deren Arbeitsplatz nach Fernost verlagert wurde? Und viele weitere Arbeitsplätze sind durch Billigimporte bedroht!«

Scheinheilige EU

Diesen Aufschrei von Arbeitnehmern und Gewerkschaften nehmen Politiker gerade in jüngster Zeit wieder gerne auf. Die großen Wirtschaftsräume der Welt beginnen sich abzuschotten.

Die scheinheiligen Vertreter der Europäischen Union sollten sich in den internationalen Handelsstreitigkeiten ebenfalls lieber zurückhalten. Zwar gibt es den europäischen Binnenmarkt, innerhalb dessen keine Zollschranken bestehen. Aber nach außen schottet sich die EU ab, verhängt Zölle auf Importe, gleich ob es sich um geröstete Kaffeebohnen oder Stahl handelt.

Das Beispiel mit den gerösteten Kaffeebohnen wähle ich bewusst, weil es den Irrsinn von Handelsbeschränkungen sofort verständlich macht. Der Importzoll auf Rohkaffee in die EU ist niedriger, als würden die Bohnen schon geröstet bei uns ankommen. *Die Veredelungsstufe des Kaffeeröstens erledigen wir lieber bei uns, sollen die Entwicklungsländer mal mit dem Anbau und dem Ernten der Bohnen zufrieden sein.* So kann man keine Fluchtursachen bekämpfen. Lieber tourt man durch Afrika, hält großartige Reden zum Thema »Wirtschaftliche Unterstützung der Entwicklungsländer«, aber gegen Waren aus ärmeren Regionen schotten wir uns ab.

Lassen Sie uns alle Zölle abschaffen, von mir aus auch gerne stufenweise innerhalb von vielleicht fünf Jahren, damit sich die davon betroffenen Unternehmen hierzulande darauf einstellen können. Das ist die effektivste Entwicklungshilfe, die wir leisten können.

Gleich ob der Lieblingsspruch von US-Präsident Donald Trump, »Make America Great Again«, und die daraus folgenden Handelsstreitigkeiten mit Kanada, China und der EU, die generelle Abschottung der EU gegen Importe durch Zölle oder die zermürbenden

Brexit-Verhandlungen – sie alle sind klare Beweise für die generelle ökonomische Ignoranz von Politikern weltweit. Die Interessen ihrer Bürger scheinen jedenfalls nicht im Vordergrund zu stehen. Zwar werden diese und der Schutz von Arbeitsplätzen vorgeschoben, doch scheint es eher um Machtspielchen von narzisstisch geprägten Staatsoberhäuptern zu gehen.

Inkompetente Politik

Für die Damen und Herren Politiker weltweit sollte ein Schnellkurs zum Thema »Ricardo-Modell – Theorie der komparativen Kostenvorteile« obligatorisch sein. Darin würden sie erfahren, was der britische Ökonom David Ricardo (1772–1823) schon im Jahr 1817 wusste. Dass nämlich zwischenstaatlicher Handel sogar in dem Fall Vorteile für ein Land mit sich bringt, wenn dieses Land bei der Produktion sämtlicher Güter absolute Kostennachteile hätte und das andere Land Kostenvorteile.

Damit hat Ricardo dargelegt, dass grenzüberschreitender Handel zum Vorteil beider beteiligten Nationen ist. Aber um Politiker zu werden, braucht es ja nicht einmal eine abgeschlossene Berufsausbildung, ein abgebrochenes Studium der Soziologie oder Theaterwissenschaften reicht völlig. Solche Leute regieren uns und treffen Entscheidungen, von denen Frieden, Freiheit und Wohlstand ganzer Völker abhängen.

Möglicherweise sind jetzt noch immer zahlreiche Leser unzufrieden, weil sie der Meinung sind, dass der internationale Wettbewerb einen stetigen Druck auf die Löhne ausübt. Dem möchte ich entgegnen, dass es stets der Wettbewerb ist, der die Menschen zu besseren Leistungen, zu Innovationen und Erfindungsreichtum anspornt. Was die Lohnentwicklung betrifft: Ja, das ist richtig, diese Entwicklung gibt es ohne Zweifel. Aber ich muss an dieser Stelle noch einmal auf die Kapitel »Politik der Preisstabilität – ein trojanisches Pferd« und »Unser Geldsystem ist sozial ungerecht« verweisen. Hier haben wir erörtert, wie inflationistisch unser Geldsystem ist und dass die stetige Inflation wesentlich dazu beiträgt, dass sowohl Einkommen als auch Vermögen immer ungleicher verteilt sind und die intensive internationale Arbeitsteilung nicht zu fallenden Güterpreisen führt.

Ohne die nun seit vielen Jahrzehnten andauernde Geldvermehrung wäre nämlich der Reichtum nicht nur in Deutschland wesentlich gleichmäßiger verteilt und breite Bevölkerungsschichten ohne jeden Zweifel um einiges wohlhabender. Viele bräuchten vielleicht gar keiner Arbeit mehr nachzugehen oder gingen schon freiwillig mit 60 Jahren in Rente, obwohl die Rente erst ein paar Jahre später zu fließen beginnt. Die Nachfrage nach Arbeitsplätzen wäre sicher deutlich geringer und der Lohndruck weit weniger stark. Insofern würde der Freihandel breitesten Bevölkerungsschichten nutzen und nicht, wie es heute der Fall ist, einigen wenigen.

Fazit

Inkompetente Politiker, die zunehmende Unzufriedenheit großer Bevölkerungsteile gerade in den westlichen Industriestaaten, die wachsenden Spannungen zwischen Mächten wie den USA, Russland und China genau wie innerhalb Europas sind eine gefährliche Mischung.

Die nächste Rezession oder eine Währungsreform kann – betreten dazu *noch* machtgierigere Staatsführer die politische Bühne – diese Mischung zur Explosion bringen. Besser wäre es, den Regierungen rechtzeitig vorher das Geld wegzunehmen.

KAPITEL 10

Gutes Geld – schöne Welt

Auf den zurückliegenden Seiten habe ich dargelegt, warum das staatliche Papiergeldsystem die Wurzel der drückendsten Übel unserer Zeit und es höchste Eisenbahn ist, der Politik endlich das Geld, genauer: die *Macht* über das Geld, zu nehmen. Ich habe erklärt, dass wir nur dann die Früchte unserer Arbeit werden in vollem Umfang genießen können, schlimme Wirtschaftskrisen verschwinden werden und die Welt gerechter und friedlicher werden wird und dass die Menschen wieder weniger neidisch, weniger egoistisch und weniger oberflächlich werden. Ich hoffe, es ist mir gelungen, Ihnen Zusammenhänge zwischen staatlichem Geld und Missständen aufzuzeigen, derer Sie sich zuvor nicht bewusst waren.

Ein stabiles Paradies gibt es nicht

Jetzt, am Ende des Buches, wird es darum gehen, ein Geldsystem zu skizzieren, das keine vergleichbaren Nebenwirkungen wie das jetzige haben würde. Doch vorweg eine Bitte: Verabschieden wir uns von dem Gedanken, es könne *die* ideale Welt geben, in der alle Menschen für alle Zeiten glücklich und zufrieden sind, in der es immer gerecht zugeht, in der die Wirtschaft störungsfrei läuft und es keinerlei Unfrieden oder gar Kriege gibt. Und auch davon, dass wir einen Zustand erreichen könnten, den wir dann, weil er uns zufriedenstellt, für alle Zeit erhalten können, es also eine Welt geben könnte, die für alle Zeiten stabil ist.

Solche Erwartungen wären illusorisch. Erreichen werden wir eine solche Welt niemals können, denn die Menschen werden bei allem Drang nach Verbesserungen auch immer wieder Fehler begehen, und es wird immer Störenfriede und Neider geben. Und Naturkatastrophen werden uns ebenfalls immer wieder mal einen Strich durch die Rechnung machen.

Wenn es aber wirklich eines Tages gelingen sollte, das Geld aus den Klauen der Politik zu befreien, dann werden wir dieser idealen Welt ganz sicher einen, wenn nicht mehrere Schritte näherkommen.

Keine Kompromisse mehr

Grundvoraussetzung ist in jedem Fall: Der Staat darf mit der Geldordnung nichts mehr zu tun haben. Hier kann und darf es keine Kompromisse geben. Wer Politikern den kleinen Finger reicht, wird über kurz oder lang immer wieder feststellen, dass man ihm die ganze Hand genommen hat. Wenn also von Zeit zu Zeit – auch von liberal denkenden Ökonomen – diskutiert wird, man solle wieder einen staatlichen Goldstandard einführen, wird auch das am Ende wieder dazu führen, dass die Geldmenge – wenn das Geld mal wieder knapp ist oder Wählerstimmen gekauft werden müssen – doch wieder ausgeweitet wird. Das haben wir – wie zu Beginn des Buches geschildert – oft genug erlebt.

Wenn ich nun darauf zu sprechen komme, wie ein gutes Geldsystem aussehen würde, werden Sie vielleicht enttäuscht sein, denn ich werde keinen Plan vorlegen, wie Sie das von der Politik gewohnt sind, wo man Beraterstäbe einsetzt und Gutachterkommissionen zurate zieht. Es braucht nämlich keinen großartigen Plan. Einzig, wie man den Übergang vom jetzigen Papiergeldsystem zu einem wettbewerblichen Geldsystem hinbekommen könnte, darüber ließe sich diskutieren. Denn dieser Übergang wird sehr holprig werden. Aber je länger wir warten, umso holpriger wird er. Dazu gleich noch einige Gedanken.

Der Weg ist das Ziel

Zunächst möchte ich erläutern, was unter einem »wettbewerblichen Geldsystem« zu verstehen ist, was es genau bedeutet, wenn ich von »gutem Geld« oder »besserem Geld« spreche. Gegenwärtig bestimmt allein der Staat, was »Geld« ist, das heißt, auf dem Markt für Geld herrscht kein Wettbewerb.

Im »Vertrag über die Arbeitsweise der Europäischen Union«, Art. 128, findet sich dazu Folgendes:

Die von der Europäischen Zentralbank und den nationalen Zentralbanken ausgegebenen Banknoten sind die einzigen Banknoten, die in der Union als gesetzliches Zahlungsmittel gelten.

Dass »die Märkte« sich von staatlichen Regulierungen dieser Art gerne befreien möchten, zeigt die Entstehung von Kryptowährungen, die natürlich noch in den Kinderschuhen steckt. Aber die Entwicklungen um Bitcoin und Co. lassen für die Zukunft hoffen.

Denn einzig durch den freien Wettbewerb kann sich herauskristallisieren, welches Geld die Menschen freiwillig verwenden möchten. Wenn die Geldnutzer, Sie und ich, frei darüber entscheiden können, welche Güter wir als Geld verwenden wollen, und nicht mehr der Staat darüber bestimmt, dann wird sich zeigen, welches Gut als Tauschmittel am besten geeignet ist. Das ist alles. Klingt banal? Manchmal sind es die einfachen Dinge, die die besten Lösungen hervorbringen. Das Geldsystem ist lange genug verkompliziert worden.

Wettbewerb, Wettbewerb, Wettbewerb

Stellen Sie sich nur einmal vor, Sie könnten wählen zwischen Geld A, Geld B und Geld C. Natürlich würden Sie dann abwägen, welches Geld Ihnen am meisten Nutzen bringen könnte, und dabei genauso vorgehen, wie Sie es heute beispielsweise bei der Auswahl Ihres Urlaubshotels oder beim Kauf eines Rotweines tun, den Sie gemeinsam mit Ihren besten Freunden trinken möchten. Weder wollen Sie in der schönsten Zeit des Jahres ein Fiasko erleben, noch wollen Sie Ihren Freunden einen miesen Wein kredenzen. Dass es Tophotels und Spitzenweine gibt, dafür sorgen einzig und allein der Markt und der dort herrschende Wettbewerb.

Wenn ich mir vorstelle, der Staat hätte das Monopol für den Betrieb von Hotels und für den Anbau von Wein – nicht auszudenken – ich würde sofort zum biertrinkenden Campingurlauber werden. Wie war das noch in der ehemaligen DDR? Wer allein war für die Produktion der Autos zuständig? Wie viele Marken und Modelle gab es da? Und wie lange musste man auf ein Auto warten?

Vielleicht wendet der eine oder andere Leser jetzt immer noch ein, »Geld« könne man nicht mit anderen Gütern vergleichen. Doch, kann man. Natürlich muss ein Gut bestimmte Voraussetzungen erfüllen, wenn es als Geld taugen soll. Es muss knapp, homogen, haltbar, teilbar, transportabel, allgemein wertgeschätzt sein und einen relativ hohen (Tausch-)Wert pro Einheit aufweisen. Über die Zeit, dass man Kuhhäute oder Ähnliches als Geld verwendet, sind wir natürlich hinaus. Es besteht kein Zweifel daran, dass man das Geldwesen dem Markt überlassen kann. Denn die »bösen Märkte« mit ihren irrationalen Übertreibungen und Verwerfungen, wie wir sie heute kennen, gäbe es nicht mehr, wäre das staatliche Geldmonopol abgeschafft. Das habe ich in diesem Buch ebenfalls deutlich gemacht.

Von mir aus könnten die Staaten übrigens weiter ihr eigenes Geld haben und herausgeben. Das ist mir gleich. Denn wenn die Politiker möchten, dass die Menschen ihr Geld verwenden, müssten sie sich damit den Herausforderungen des Wettbewerbs stellen, dem sie sich heute per gesetzlichem Dekret entziehen. Auf einem freien Markt für Geld hätten sie mit ihren lausigen, ständig an Kaufkraft verlierenden Dollars, Euros und Yens jedenfalls – genau wie ein Trabi gegenüber einem VW Golf – keine Chance. Die Regierungsbeamten könnten sich bestenfalls ihre Büros damit tapezieren.

Denn wäre staatliches Geld für Sie erkennbar kein gutes Tauschmittel, also kein gutes Geld, und Sie hätten gleichzeitig die Möglichkeit, anderes Geld zu verwenden, würden Sie sich dann freiwillig für staatliches Geld entscheiden? Nie und nimmer. Sie würden auch ein Hotel mit schimmeligen Zimmern und schlechtem Essen nicht ein zweites Mal buchen, wenn Sie direkt nebenan besser übernachten und besser speisen können. Was aber, wenn es nur Hotels mit schimmeligen Zimmern und schlechtem Essen gibt? Was, wenn es nur Trabis gibt? Früher hat man sich im Westen über die stinkenden Zweitakter in der DDR lustig gemacht. Über unser heutiges Geldsystem lachen die allermeisten Menschen nur deshalb nicht, weil sie noch niemals über Alternativen nachgedacht haben, geschweige denn die Entwicklungen um Bitcoin, Ethereum und Co. beobachten, um nur einige wenige Kryptowährungen beim Namen zu nennen. Und weil es auf der ganzen Welt nur noch Papiergeld, also keine Vergleichsmöglichkeiten gibt.

Der Markt für Kryptowährungen zeigt, warum man sagt, Märkte seien wie Entdeckungsverfahren. Durch Versuch und Irrtum finden unzählige Marktteilnehmer heraus, welches Geld sich als Tauschmittel am besten eignen würde und wie sich Arbeitsteilung bestmöglich organisieren lässt. Im Kleinen lässt sich dieses Entdeckungsverfahren sogar beobachten, wenn zum Beispiel in einem Gefängnis Zigaretten zur »Währung« werden. Oder nach dem Krieg, wo sogar Schnaps zur gängigen Währung auf dem Schwarzmarkt wurde. Die Menschen finden immer eine Lösung für Probleme, die ihnen zumeist von der Politik eingebrockt wurden.

Wir alle besitzen in Summe eine Unmenge exklusiven Wissens, wie politische Planer es sich niemals werden aneignen können. Dieses Wissen ist für den Geldfindungsprozess unersetzlich – genau wie sich andere Produkte am Markt durchsetzen, weil sie nachgefragt werden, und andere nicht, weil niemand sie kauft. Dabei können wir sogar aus den Fehlern anderer lernen.

Glauben Sie tatsächlich, dass auf einem freien Markt eine einheitliche, beliebig vermehrbare, europäische Währung wie der Euro entstanden wäre? Der »Versuch« wäre ganz sicher bereits ganz am Anfang »automatisch« abgebrochen worden. Heute dagegen stehen wir vor einem nicht mehr lösbaren Problem und vor Billionenschäden.

Keine Angst vor einem Währungschaos

Wer jetzt glaubt, dass der freie Markt für Geld eine Unzahl an verschiedenen Währungen hervorbringen würde, der irrt. Sehr schnell würden die Marktteilnehmer sich gemeinsam auf ganz wenige Geldarten »einigen«, wenn nicht gar nur auf eine einzige. Schließlich wollen alle zum gegenseitigen Nutzen zusammenarbeiten, miteinander Handel betreiben und das lässt sich am besten mit *einem* gemeinsamen Tauschmittel erreichen. Aber das bereitzustellen, ist definitiv nicht Staatsaufgabe.

Eine Aufgabe verbleibt für den Staat natürlich. Er muss die Geldhalter schützen und jegliche Art von Geldfälschung gnadenlos bestrafen. Für staatliche Institutionen wird das in der Tat eine enorme Herausforderung und erfordert ein grundsätzliches Umdenken, denn im Moment gehört, wenn wir ehrlich sind, der Staat selbst zu den Betrügern. Denn was ist es anderes als Betrug, ein Geldsystem zu organisieren, in dem Geld aus dem Nichts entstehen kann.

Ohne Partei für irgendeine Art von Geld zu ergreifen und einem Marktfindungsprozess vorzugreifen, möchte ich noch einige Gedanken mit Ihnen teilen, was sich als Geld eignen *könnte*. Wie eben beschrieben und es sei nochmals erwähnt: Ein Gut, das sich als Geld eignen soll, muss knapp, homogen, haltbar, teilbar, transportabel, allgemein wertgeschätzt sein und einen relativ hohen (Tausch-)Wert pro Einheit aufweisen.

Allzu viele Güter kommen hier nicht infrage. Und es hat seine Gründe, dass seit Jahrtausenden Edelmetalle, allen voran Gold und Silber, als Geld gedient haben. Seit Urzeiten horten die Menschen diese beiden Metalle. Die vorhandenen Gold- und Silberbestände weltweit, ob groß oder klein, stehen sinnbildlich für die Entscheidungen von Milliarden von Menschen über unzählige Generationen hinweg, dies genau *so* zu tun. Und der Antrieb menschlichen Handelns ist es, die eigene Situation verbessern zu wollen. Hätten die Menschen mit Edelmetallen dauerhaft schlechte Erfahrungen gemacht, hätten sie sich im Laufe der Zeit davon abgewandt.

Und nochmals: Jede Menge an Geld reicht aus, um als Tauschmittel zu dienen. Die weltweit vorhandene Menge an Gold und Silber würde daher genügen, um der Menschheit als Zahlungsmittel zu dienen. Dass eine Geldmenge wachsen und elastisch sein muss, damit die Wirtschaft wachsen kann, ist eine Irrlehre. Konsumverzicht und Sparen sind Voraussetzung für die Schaffung von Wohlstand, nicht Geldmengenwachstum. Außerdem wächst ja auch die Goldmenge Jahr für Jahr, nämlich um etwa 1,5 Prozent durch neu gefördertes Gold.

Technik von heute einsetzen

Die heutigen Möglichkeiten des elektronischen Zahlungsverkehrs könnten problemlos auch für das Bezahlen mit Edelmetallen verwendet werden. Ihre Metalle liegen bei einer oder mehreren Verwahrstellen, denen Sie vertrauen. Die Verfügung darüber erfolgt per Kreditkarte und Überweisung, die Einheit könnten beispielsweise Goldgramm sein. Keine Angst also, dass Sie mit einem Sack voller Gold- oder Silbermünzen am Gürtel zum Einkaufen gehen müssen und Sie für Straßenräuber zur leichten Beute würden. Betrachten Sie lieber Ihre jetzige Situation, wie angreifbar und verletzlich Sie im Moment mit staatlichem Geld sind. Der Inflation sind Sie beinahe schutzlos ausgeliefert. Was machen Sie eigentlich, wenn die Pläne des Internationalen Währungsfonds Realität werden, Bargeld mit einer Gebühr *abzuwerten* und Buchgeld mit Negativzinsen zu *entwerten?*

Also Kopf hoch und keine Angst davor, wenn sich der Staat nicht mehr ums Geldwesen kümmern darf. Es kann nur besser werden. In den vergangenen Jahren sind bereits »im freien Markt« zahlreiche alternative Währungen entstanden: Kryptowährungen. Ob sie zu allgemein akzeptiertem Geld werden können, wird und muss sich noch zeigen. Jedenfalls sind es ermutigende Anzeichen, die aufzeigen, dass es möglich ist, Geld zu etablieren, das der staatlichen Kontrolle entzogen ist.

Vielleicht werden ja auch irgendwann mit der Technologie, die sich hinter den Kryptowährungen verbirgt, Zahlungen mit Edelmetallwährungen abgewickelt – die Rede ist von der Blockchain-Technologie. Die Blockchain müssen Sie sich als dezentral geführtes Buchhaltungssystem vorstellen, verteilt über unzählige Computer weltweit. Die entstehende Kette von Datenblöcken kann nicht manipuliert werden. Auch eine »Zentrale«, wie es die EZB für den Euro ist, gibt es nicht und braucht es auch nicht.

Das Problem: Der Übergang

Wie nur lässt sich der Übergang zu »gutem Geld« organisieren? Das Problem am Übergang zum Währungswettbewerb ist, dass die Schäden und Verwerfungen durch den herrschenden Geldsozialismus bereits entstanden sind. Sie werden gegenwärtig durch die Rettungspolitiken der FED, der EZB und der anderen großen Notenbanken lediglich unter der Oberfläche gehalten.

Erinnern Sie sich bitte an den Ausbruch der Finanzkrise 2007/2008. Hier begann sich eine Krise Bahn zu brechen. Die Geldmenge weltweit begann zu schrumpfen. Das ist typisch, wenn ein Papiergeldsystem in eine Krise gerät. Ohne die Rettungsmaßnahmen der Notenbanken und Regierungen weltweit hätte sich ein gewaltiges Unwetter entwickelt, genau wie es dann lokal später in Griechenland wütete. Aus Angst vor diesem Unwetter ließ man die Bereinigungskrise damals nicht zu. Zugegeben, das wäre auch ohne Zweifel eine ordentliche Depression geworden, durch die wir alle hätten gehen müssen. Die von Notenbanken und Regierungen auf den Weg gebrachten Maßnahmen, von massiven Zinssenkungen über Abwrackprämien für Autos bis zum Aufspannen diverser Rettungsschirme, zeigen allesamt, wie groß die Panik bei den Verantwortlichen war.

Aber aufgeschoben ist nicht aufgehoben, wie ein Sprichwort sagt. Die Schäden und Verwerfungen sind nämlich immer noch da und sind durch die Rettungsmaßnahmen und jahrelange Nullzinspolitik sogar noch schlimmer geworden.

Ich verwende gerne das Bild eines unterirdischen Moorbrandes, der, wird er nicht richtig gelöscht, einen ganzen Winter überstehen kann. An der Oberfläche sieht man nichts und man glaubt, alles sei in bester Ordnung. Doch darunter glüht es weiter und es ist nur eine Frage der Zeit, wann das Feuer wieder ausbricht und schlimmer wütet als zuvor.

Doch durch dieses reinigende Feuer werden wir gehen müssen, wenn wir zu einem »guten Geldsystem« gelangen wollen. Kein Weg führt daran vorbei. Der Ökonom Roland Baader (1940-2012) brachte es in einem Interview mit dem Magazin *Smart Investor* sehr deutlich auf den Punkt:

Was wir in den letzten Jahrzehnten im papierenen Kreditrausch vorausgefressen haben, werden wir in den nächsten Jahrzehnten nachhungern müssen.

Bedanken Sie sich bei der Politik

Bedanken Sie sich für dieses Dilemma, in dem wir stecken, bei den Regierungen, Politikern und Zentralbankern der letzten Jahrzehnte. Sie haben uns in diese Misere gebracht. Zwar gibt es das Sprichwort, dass derjenige, der sich die Suppe eingebrockt hat, sie auch auslöffeln muss, doch das können Sie getrost vergessen. Die Hoffnungen, die ich in Richtung staatlicher und geldpolitischer Institutionen habe, sind gleich null.

Weil die Situation offensichtlich verfahren ist, gibt es immer wieder Vorschläge, wie man die Bombe geplant zur Explosion bringen könnte. Die Sprengkraft ist da, allenfalls ließe sich über die Schutzwälle, die man um die Bombe herumbauen könnte, diskutieren.

Hier nur in Kürze einige Vorschläge, die immer wieder angesprochen werden: Man könnte faule Staats- und Privatschulden in eine Art Schuldentilgungsfonds einbringen, mit teilweisem Forderungsverzicht der Gläubiger und unter Mitwirkung der EZB, also der Institution, die uns gemeinsam mit den Banken erst in Schieflage gebracht hat. Gleichzeitig sollte es echte Reformen geben. Oder die umlaufende Geldmenge könnte an das vorhandene Staatsgold angebunden werden, was natürlich einen explosionsartig steigenden Goldpreis zur Folge hätte. Oder man bindet die Geldhalter, also die Gläubiger von Banken und Staaten, in die Sanierung des Systems mit ein, *bail in* heißt das im Fachjargon. Als Geldhalter hätten Sie nach der »Sanierung« vielleicht nur noch 30 Prozent von dem auf dem Konto, was Sie zuvor hatten.

Doch wie würden die Geldhalter auf die einzelnen Maßnahmen reagieren? Das vorauszusagen, ist praktisch unmöglich. Dafür ist die Situation, in der wir stecken, viel zu verfahren. Wahrscheinlich würden die Geldhalter mit einer Flucht aus dem Papiergeld reagieren, der man jedoch staatlicherseits sofort einen Riegel vorschieben würde. Außerdem würde man bei jeder der genannten Maßnahmen staatliche Institutionen mit der Abwicklung eines Problems betrauen, für das sie selbst verantwortlich sind. Können so freie Märkte, kann so gutes Geld entstehen? Ich habe daran sehr große Zweifel.

Vergleichen wir die Situation im Geldsystem doch mit einem schlechten Aktieninvestment. Stellen Sie sich vor, Sie haben 10.000 Euro in die Aktien eines Unternehmens investiert, das nur noch Verluste schreibt. Der Aktienkurs ist seit Ihrem Kauf bereits um 70 Prozent gesunken. Den rechtzeitigen Ausstieg haben Sie verpasst. Sie beginnen – was Sie besser früher getan hätten –, sich intensiv mit dem Unternehmen zu beschäftigen, mit der Bilanz, mit der Gewinn- und Verlustrechnung und auch mit den Produkten, die das Unternehmen herstellt. Sie kommen zu dem Schluss, dass aus Ihrem Investment mit an Sicherheit grenzender Wahrscheinlichkeit ein Totalverlust wird. Was tun Sie? Die Antwort ist klar. Sie retten, was noch zu retten ist.

Zurück zum Papiergeldsystem. Ist die Situation hier eine andere? Können wir den Euro oder den US-Dollar oder den japanischen Yen überhaupt retten? Wer soll dieser Retter sein? Es gibt doch gar niemanden, der das leisten kann.

Die Schulden der einen sind das Vermögen der anderen, das ist in einem Schuldgeldsystem nun einmal so. Und wenn die einen ihre Schulden nicht mehr bezahlen können, verlieren die anderen ihr Geld. Wer soll die anderen retten? Und womit? Wieder mit gedrucktem Geld?

Es ist genauso, wie Roland Baader es formuliert hat, dass wir nachhungern müssen, was wir vorausgefressen haben.

Der Anpassungsprozess, der auf dem Weg zu einem Währungswettbewerb beschritten werden muss, wird die Volkswirtschaften und damit Unternehmen wie private Haushalte einer Rosskur unterziehen. Aber dieser Prozess wird nicht nur das Geld, sondern auch die Volkswirtschaften vom staatlichen Gängelband befreien und möglicherweise schnell eine unerwartete Dynamik und Erholung entfachen. Wir würden also schneller, als viele vielleicht glauben, wieder Licht am Ende des Tunnels sehen.

Dass staatliches Geld in dem Moment, in dem Währungswettbewerb zugelassen wird, nicht gnadenlos abgestoßen und abgewertet würde, dafür sehe ich übrigens nur eine Chance. Politiker und Zentralbanken müssten von heute auf morgen *glaubwürdig* werden. Wie realistisch das ist, das zu beurteilen, überlasse ich gerne Ihnen.

Und auch anzunehmen, die Staaten würden ihre in mehr als einem Jahrhundert errungene Macht über das Geldwesen so mir nichts, dir nichts wieder hergeben, wäre blauäugig. Doch die besseren Ideen und Lösungen werden sich, das hat die Geschichte immer wieder gezeigt, am Ende durchsetzen. Der Schlüssel dazu ist eine kritische Masse an Menschen, die verstanden haben, dass der Staat ein äußerst schlechter und wenig vertrauenswürdiger Sachwalter für unser Geld ist. Wissen ist Macht.

Es braucht Mut

Der Vorschlag, Währungswettbewerb zuzulassen, mag für den einen oder anderen immer noch drastisch erscheinen. Dabei würde nur ein System, das sich in *allen* sonstigen Bereichen der Wirtschaft als erfolgreich erwiesen und uns den Wohlstand beschert hat, den wir heute genießen können, auf das Geldwesen übertragen. Mehr nicht. Mut wird es brauchen, ja. Aber warum probieren wir es nicht aus? Was soll denn passieren? Noch schlechteres Geld? Warum soll Wettbewerb in jedem anderen Sektor funktionieren, bei Geld aber nicht? Und vor allem: Sollte sich dieser Weg nicht lohnen, wenn wir die in diesem Buch beschriebenen Missstände loswerden können?

Ich hoffe, Sie beantworten diese Fragen nun mit: »*Eigentlich hat er recht!*«

Dann habe ich mein Ziel, das ich mit dem Verfassen dieses »Crashkurses« verbunden habe, erreicht. Ich hoffe inständig, dass es mir gelungen ist, den Schleier, der über dem staatlichen Geldwesen als einer der Hauptursachen wirtschaftlicher und gesellschaftlicher Fehlentwicklungen liegt, zu lüften.

Sicher werden Sie nun, wenn Sie die Tageszeitung lesen oder die Nachrichten in Fernsehen und Radio verfolgen, viele Meldungen anders wahrnehmen als zuvor. Möglicherweise empfinden Sie die täglichen politischen Debatten, in denen ständig nur um den heißen Brei herumgeredet wird, fortan als Aktionismus und pure Zeitverschwendung.

Sie können nun in gesellschafts-, wirtschafts- und geldpolitischen Diskussionen in der Familie, mit Freunden und Bekannten eine Position einnehmen, die sich vom Mainstream abhebt. Sie können in Diskussionen die Oberhand behalten und das Gespräch auf die wirklichen Ursachen lenken und verlieren sich nicht, wie die große Mehrheit, in Erklärungen, wie man die Krankheitssymptome in Gesellschaft und Wirtschaft lindern könnte.

Sie können jetzt erklären, wie man die Krankheit heilt.

Nachwort

Ich bedanke mich herzlich bei Thorsten Polleit für das Vorwort zu meinem Buch, durch das ich mich sehr geehrt fühle.

Seit nunmehr fast sieben Jahren engagiere ich mich neben Thorsten Polleit für das Ludwig von Mises Institut Deutschland, benannt nach dem wohl bedeutendsten Ökonomen und Sozialphilosophen des 20. Jahrhunderts: Ludwig von Mises.

Ludwig von Mises (1881–1973) hat bahnbrechende und zeitlose Beiträge zum systematischen Studium in den Wirtschafts- und Sozialwissenschaften geleistet.

Vor allem hat er die wissenschaftstheoretische Begründung für das System der freien Märkte, das auf unbedingter Achtung des Privateigentums aufgebaut ist, geliefert und jede Form staatlicher Einmischung in das Wirtschafts- und Gesellschaftsleben als kontraproduktiv entlarvt und zurückgewiesen.

Aufgrund seiner wissenschaftlichen Erkenntnisse war er zutiefst überzeugt, dass staatliche Eingriffe in das Wirtschafts- und Gesellschaftsleben Fortschritt, Wohlstand und Frieden und damit auch die Freiheit jedes Einzelnen bedrohen. Daher war er ein leidenschaftlicher intellektueller Kämpfer für eine freiheitliche Wirtschafts- und Gesellschaftsordnung.

Seine Lehren und Erkenntnisse sind jedoch heute weitgehend aus den Lehrplänen der Schulen und Universitäten verschwunden. Das

ist nicht folgenlos geblieben. Das Ausblenden der liberalen-libertä-
ren Lehren hat dem immer weiter voranschreitenden Ausweiten des
Staates zu Lasten der Freiheit der Bürger den Weg bereitet.

»*Jeder trägt einen Teil der Gesellschaft auf seinen Schultern*«, schrieb
Ludwig von Mises, »*niemandem wird sein Teil der Verantwortung von
anderen abgenommen. Und niemand kann einen sicheren Weg für sich
selbst finden, wenn die Gesellschaft sich im Untergang befindet. Deshalb
muss sich jeder, schon aus eigenem Interesse heraus, mit aller Kraft in den
geistigen Kampf begeben.*«

Mit diesem Ziel vor Augen hoffe ich, dass nicht nur mein Buch, sondern und vor allem auch die Lehr- und Diskussionsbeiträge, die das
Ludwig von Mises Institut Deutschland regelmäßig auf seiner Internetseite (www.misesde.org) veröffentlicht, eine breite interessierte
Öffentlichkeit erreichen.

Für Frieden, Freiheit und Wohlstand.

Andreas Marquart
im April 2019

Literaturverzeichnis

Baader, Roland, *Geldsozialismus*, Resch Verlag, 2010

Bagus, Philipp und Marquart, Andreas, *Warum andere auf Ihre Kosten immer reicher werden*, FinanzBuch Verlag, 2014

Habermann, Gerd, *Der Wohlfahrtsstaat. Ende einer Illusion*, FBV Edition Lichtschlag, 2013

Hoppe, Hans-Hermann, *Demokratie. Der Gott, der keiner ist*, Edition Sonderwege bei Manuscriptum, 2003

Huerta, de Soto Jesús, *Geld, Bankkredit und Konjunkturzyklen*, Lucius & Lucius Stuttgart, 2011

Hülsmann, Jörg Guido, *Die Ethik der Geldproduktion*, Edition Sonderwege bei Manuscriptum, 2007

Hülsmann, Jörg Guido, *Krise der Inflationskultur*, FBV Edition Lichtschlag, 2013

Kant, Immanuel, *Zum ewigen Frieden*, 1795

Menger, Carl, *Grundsätze der Volkswirthschaftslehre*, 1871

Polleit, Thorsten (Hrsg.), *Ludwig von Mises. Leben und Werk für Einsteiger*, FinanzBuch Verlag, 2013

Polleit, Thorsten, *Ludwig von Mises für Jedermann*, Frankfurter Allgemeine Buch, 2018

Polleit, Thorsten und von Prollius, Michael, *Geldreform*, FinanzBuch Verlag, 2014

Murray, N. Rothbard, *Das Scheingeldsystem*, Resch Verlag, 2005

Unger, Raymond, *Die Wiedergutmacher*, Europa Verlag, 2018

Van Crefeld, Martin, *Aufstieg und Untergang des Staates*, Gerling Akademie Verlag, 1999

Von Hayek, Friedrich A., *Die verhängnisvolle Anmaßung: Die Irrtümer des Sozialismus*, Mohr Siebeck, 1988

Von Hayek, Friedrich A., *Entnationalisierung des Geldes*, Mohr Siebeck, 1976

Von Mises, Ludwig, *Kritik des Interventionismus*, 1929

Von Mises, Ludwig, *Liberalismus*, 1927

Von Mises, Ludwig, *Nationalökonomie. Theorie des Handelns und Wirtschaftens*, 1940

Von Mises, Ludwig, *Nation, Staat und Wirtschaft*, 1919

Von Mises, Ludwig, *Theorie des Geldes und der Umlaufsmittel*, 1912

Internetquellen

Aktienrückkäufe sind ein süßes Gift, das bald anfangen könnte zu wirken, www.handelsblatt.com, 1.10.2018

Anzahl der Verbraucherinsolvenzen in Deutschland von 1999 bis 2018, de.statista.com

Berlin, die Hauptstadt des Sozialismus, www.faz.net, 10.2.2019

Bei 2,6 Billionen Euro ist Schluss – oder doch nicht?, www.wiwo.de, 13.12.2018

BIZ-Quartalsbericht September 2018, www.bis.org, 21.9.2018

Bruttoinlandsprodukt (BIP) in Deutschland von 1950 bis 2018, de.statista.com

»Danke der Nachfrage, dem Bankensystem geht es schlecht«, www.misesde.org, 9.1.2019

Das Bestreben, das Bargeld zu entwerten, www.misesde.org, 25.2.2019

Das Land der Geisterflughäfen, www.tagesschau.de, 15.1.2019

Das Märchen vom reichen Land: Wie die Politik uns ruiniert, www.misesde.org, 18.02.2019

»Der erste Keynesianer« oder »Wie man ein Land in vier Jahren ruiniert« – Teil 1, 2, 3, www.misesde.org, 2.12.2016, 9.12.2015, 16.12.2016

Der weihnachtliche Waffenstillstand im Ersten Weltkrieg, www.misesde.org, 21.12.2018

Die Einkommensteuer im Zeitverlauf, www.insm.de, 19.4.2017

Die EU hält arme Länder arm, www.misesde.org, 14.8.2017

Ein freier Markt für Geld und der Drang zur Fiat-Weltwährung, www.misesde.org, 6.2.2019

Eine Welt voller Schulden, www.tagesspiegel.de, 28.5.2018

Entwicklung der Sozialausgaben im Bundeshaushalt, www.bundesfinanzministerium.de

Europäische Union & Euro-Zone: Inflationsrate von 2008 bis 2018 (gegenüber dem Vorjahr), de.statista.com

Finanzspritzen für Geisterhäfen, www.handelsblatt.com, 23.9.2016

Frau Merkel könnte noch am ehesten Autos verkaufen, www.welt.de, 10.9.2017

Frühe Fremdbetreuung ist für Kinder schädlich, www.welt.de, 26.12.2007

Für das globale Schuldenproblem gibt es nur eine Lösung, www.welt.de, 5.2.2019

Glasklarer Klang – alles nur Mythos?, www.br-klassik.de, 29.1.2019

Hart aber fair 04.02.19 - Gefühltes Öko-Vorbild, gelebter Klimasünder: Lügt sich Deutschland grün?, www.youtube.com, 4.2.2019

Historischer Rückblick, Bundeszentrale für politische Bildung, www.bpb.de, 31.5.2012

Höhe der Kosten des Ersten Weltkriegs nach Staaten, de.statista.com

»Ich bin ein Banker, der Gottes Werk verrichtet«, www.faz.net, 9.11.2009

Immer mehr unverheiratete Paare in Deutschland, www.welt.de, 13.6.2017

Jeden Tag nehmen sich 20 US-Kriegsveteranen das Leben, www.nzz.ch, 11.11.2017

»Kindergeld ist letztendlich die Rückgabe von Diebesgut«, www.t-online.de, 26.10.2016

Kinderlosigkeit in Deutschland nimmt zu, Demografie-Portal des Bundes und der Länder, www.demografie-portal.de

Krankheitstage wegen psychischer Belastung haben sich verdoppelt, www.aerzteblatt.de, 30.8.2018

Leipzigs Rathaus setzt auf Lastenfahrräder, www.lvz.de, 13.3.2019

Lieber Müllmann als Versicherungsvertreter, www.dasinvestment.com, 31.8.2018

Mehr Stress, mehr Pillen, mehr Kranke, www.faz.net, 26.2.2019

Messung der Geldmenge, www.bundesbank.de

Ökonomie des Krieges, Bundeszentrale für politische Bildung, www.bpb.de, 22.1.2014

Ozeane aus Scheingeld, www.roland-baader-de, August 2010

Polen baut »Geisterflughäfen« mit EU-Mitteln, www.euractiv.de, 15.12.2014

Privatkunden leasen häufiger, www.handelsblatt.com, 26.4.2017

Psychische Erkrankungen häufigste Ursache für Berufsunfähigkeit, www.gdv.de, 28.3.2018

Reale und nominale Lohnentwicklung, Bundeszentrale für politische Bildung, www.bpb.de, 27.9.2013

Reales Bruttoinlandsprodukt pro Kopf der Bevölkerung in Deutschland (1850–2002), Leibniz-Institut für Sozialwissenschaften e.V. GESIS , histat.gesis.org

Remarks by Governor Ben S. Bernanke, On Milton Friedman's Ninetieth Birthday, www.federalreserve.gov, 8.11.2002

Rückblick auf ein halbes Jahrhundert – Abschiedsvorlesung Prof. Hans-Werner Sinn, www.youtube.com, 21.12.2015

Scheidungsquote in Deutschland von 1960 bis 2017, de.statista.com

So wollen die Grünen die Macht der Konzerne brechen, www.faz.net, 30.3.2019

Sozialausgaben erreichten neuen Rekordwert, www.n-tv.de, 2.8.2018

Staatsverschuldung Deutschlands, de.wikipedia.org

Steuereinnahmen in Deutschland von 2017 bis 2023 laut Steuerschätzung, de.statista.com

Studenten ist sicherer Arbeitsplatz wichtiger als Geld, www.wiwo.de, 24.7.2018

Über den Wolken, www.spiegel.de, 15.12.2014

Und dann outet sich Umweltaktivist Jaenicke als Vielflieger, www.welt.de, 5.2.2019

Verbraucherpreisindex (VPI) – Was beschreibt der Verbraucherpreisindex?, www.destatis.de

Verbraucherpreisindizes, www.destatis.de

Vermögen, Schulden, www.destatis.de

Vertrag über die Arbeitsweise der Europäischen Union (Art. 128), dejure.org

Warum ist Preisstabilität wichtig?, www.ecb.europa.eu, 8.5.2017

Wenn unbezahlte Überstunden zur Normalität werden, www.welt.de, 19.9.2018

Wie Hamburg die Notbremse zog, www.deutschlandfunkkultur.de, 1.2.2018

Wie unabhängig sind Deutschlands Top-Ökonomen?, www.misesde.org, 7.5.2014

Wirtschaftskammer Österreich, www.wko.at

Über den Autor

Andreas Marquart ist Vorstand des Ludwig-von-Mises-Instituts Deutschland. Nach dem Abitur absolvierte er eine klassische Bankausbildung und machte sich 1998 nach 15 Jahren als Banker in der Finanzdienstleistung mit dem Schwerpunkt Vermögensanlage selbstständig. Er orientiert sich bei der Beratung an den Erkenntnissen der Österreichischen Schule der Nationalökonomie. Mehr zu seiner Person unter: http://austrianconsult.de

Warum andere auf Ihre Kosten immer reicher werden

Andreas Marquart, Philipp Bagus

Das Geld kommt vom Staat! Das stellt eigentlich niemand infrage. Sollten Sie aber. Denn Deutschland hat wie alle Länder der Welt ein reines Papiergeldsystem, in dem neues Geld aus dem Nichts entsteht. Andreas Marquart und Philipp Bagus zeigen Ihnen, wie Geld entsteht und warum unser jetziges Geld schlechtes Geld ist. Sie erfahren, wie wichtig gutes Geld für eine Volkswirtschaft ist und welchen Einfluss schlechtes Geld auf jeden Einzelnen in der Gesellschaft hat.

Wer Politikern – und sei es nur aus einem Bauchgefühl heraus – noch nie vertraut hat, wird in diesem Buch den Beleg dafür erhalten, dass er mit diesem Gefühl richtigliegt. Ein leicht verständlicher Einstieg in die Frage, warum Geld für viele Missstände in unserer Gesellschaft verantwortlich ist.

192 Seiten | Softcover | 16,99 € (D) | 17,50 € (A) | ISBN 978-3-89879-857-0

Wir schaffen das – alleine!

Andreas Marquart, Philipp Bagus

»Nur die Vereinigten Staaten von Europa werden es den Europäern ermöglichen, im Wettbewerb mit Asien und Amerika bestehen zu können!« Diese These ist zum zentralen EU-Glaubenssatz ohne Alternative geworden und wird ohne jede Rücksicht auf Kosten oder den Widerstand der Bevölkerung verfolgt. Tatsächlich aber, so zeigen die beiden Bestsellerautoren, gedeihen in riesigen, zentralistisch organisierten Staatsmolochen weder Innovation noch Freiheit, sondern Bevormundung, Korruption und Verschwendung. Freiheit und Wohlstand hingegen zeichnen Klein- und Kleinststaaten aus. Diese sind nicht nur weitaus besser gegen Korruption gefeit, sondern auch – das zeigen historische und gegenwärtige Beispiele – sehr viel friedliebender. Gerade deshalb lohnt sich eine scharfsinnige Analyse der gebetsmühlenartigen Behauptung »Groß ist einfach besser«, denn vielmehr ist das Gegenteil der Fall: Europas Zukunft liegt nicht im Brüsseler Zentralismus, sondern in möglichst zahlreichen und vielfältig ausgestalteten Kleinstaaten, die in Frieden und Freiheit miteinander kooperieren und auch konkurrieren.

160 Seiten | Hardcover | 14,99 € (D) | 15,50 € (A) | ISBN 978-3-95972-043-4

Die Nullzinsfalle

Ronald Stöferle; Rahim Taghizadegan; Gregor Hochreiter

Sehenden Auges sind die Zentralbanken in ihrem Kampf gegen die Folgen der großen Finanzkrise und der Schuldenkrise in die Falle getappt – die Nullzinsfalle. Im Augenblick versuchen die Zentralbanken verzweifelt, aus dieser Falle zu entkommen, doch es wird ihnen nicht gelingen. Denn bereits bei den ersten Schritten der geldpolitischen Normalisierung wird kein Stein auf dem anderen bleiben. Welche Wege führen für die Politik, die Anleger und die Gesellschaft möglichst unbeschadet aus der Nullzinsfalle? Worauf müssen Bürger und Anleger gefasst sein?

Die Nullzinsfalle zeigt erstmals alle wirtschaftlichen und gesellschaftlichen Folgen der Nullzinspolitik auf – Gänsehaut garantiert, denn in Wirtschaft und Gesellschaft gehen Zombies um. Lassen Sie sich überraschen, wie viele aktuelle Phänomene nach dieser tiefgehenden und tabulosen Analyse verständlich werden.

272 Seiten | Softcover | 16,99 € (D) | 17,50 € (A) | ISBN 978-3-95972-019-9

Wirtschaft wirklich verstehen

Rahim Taghizadegan

Der Finanz-Klassiker *Wirtschaft wirklich verstehen* von Manager-Magazin-Bestsellerautor Rahim Taghizadegan erscheint erstmals in komplett überarbeiteter und aktualisierter Neuauflage. Seine Einführung in die Österreichische Schule der Nationalökonomie ist kein trockenes Lehrbuch, mit Formeln, Tabellen und Merksätzen, sondern eine spannende Reise durch die Welt der Volkswirtschaft, unter dem Blickwinkel der vernunftbetonten Austrian Economics.
Rahim Taghizadegan plädiert für ein Umdenken und eine Rückbesinnung auf die Österreichische Schule – und damit auf den gesunden Menschverstand. Er führt den Leser in diese bewährte Betrachtungsweise der Wirtschaft ein und hat damit nichts anderes als ein Standardwerk für die junge Generation von Ökonomen geschrieben, die bewährte Ansätze nutzt, um die Gegenwart wirklich zu verstehen und Warnsignale früh zu erkennen.

288 Seiten | Hardcover | 24,99 € (D) | 25,70 € (A) | ISBN 978-3-95972-155-4

Vom intelligenten Investieren

Thorsten Polleit

Gibt es zeitlose Prinzipien für erfolgreiches Investieren? Thorsten Polleit – international erfahrener Ökonom und Universitätslehrer – sagt: Ja, es gibt sie! Wer sie verinnerlicht und konsequent anwendet, vermeidet unnötige Fehler und hat eine gute Ausgangsposition, um erfolgreich investieren zu können.

Thorsten Polleit empfiehlt, von den besten Investoren zu lernen – von den Investoren, die über lange Zeit hohe Renditen auf das eingesetzte Kapital erzielt haben und dabei umsichtig mit den Risiken des Investierens umgegangen sind. Zu ihnen zählen Namen wie zum Beispiel Benjamin Graham, Warren E. Buffett, Charles T. Munger und Philip A. Fisher.

In Vom intelligenten Investieren findet der Leser die wichtigsten Prinzipien für intelligentes Investieren – zusammengestellt in einer komprimierten, verständlichen und gut lesbaren Form. Zudem zeigt er, warum das, was die Finanzindustrie ihm üblicherweise empfiehlt, nicht den erhofften Investmenterfolg bringen kann.

256 Seiten | Hardcover | 14,99 € (D) | 15,50 € (A) | ISBN 978-3-95972-134-9

BITCOIN – Geld ohne Staat

Aaron Koenig

Als der Nobelpreisträger Friedrich August von Hayek 1976 das Ende des staatlichen Geldmonopols und einen freien Wettbewerb der Währungen forderte, wurde sein Konzept nicht besonders ernst genommen. Heute ist die Entstaatlichung des Geldes in vollem Gang. Digitale Währungen wie Bitcoin kommen ohne Banken und ohne staatliche Regulierung aus.

Dieses Buch beschreibt das Konzept des dezentralen, nichtstaatlichen Geldes auf leicht verständliche und anschauliche Weise. Der Autor betrachtet das Zahlungssystem Bitcoin aus Sicht der Wiener Schule der Volkswirtschaft. Deren Vordenker wie Hayek, Ludwig von Mises oder Murray Rothbard kritisieren die schädlichen Folgen des »Geldsozialismus« und plädieren für eine freie Marktwirtschaft ohne Staatseingriffe. Mit Bitcoin wird ihre Forderung nach freiem Marktgeld Realität. Und die Bitcoin zugrunde liegende Blockchain-Technologie kann noch viel mehr!

208 Seiten | Softcover | 16,99 € (D) | 17,50 € (A) | ISBN 978-3-89879-911-9